KAREL ČAPEK

Fabeln und Kleingeschichten

KAREL ČAPEK

FABELN

und Kleingeschichten

Deutsch
von Eckhard Thiele

Aufbau-Verlag

Titel der tschechischen Originalausgabe
Bajky a podpovídky

Mit Illustrationen von
Günther Lück

Fabeln

Fabeln

Schuld und Sühne

Es ist nicht zu leugnen: Sie hat hingemacht. Jetzt duckt sie sich ruchlos und grimmig im dunkelsten Winkel, funkelt mit den grünen Augen und zuckt mit dem Schwanz; sie weiß, was sie erwartet. Schlagartig ist alles von ihr abgefallen, was aus ihr ein gebildetes und feines Kätzchen macht; sie ist ein böses und wildes Tier des Dschungels, eine Bestie voller Angst und Haß, die dich mit glühenden Augen wie den ewigen Feind verfolgt. Sie zischt wie eine Schlange, wenn du dich ihr näherst; ihre grünen Pupillen sprühen wütenden Widerstand, Schrecken, Feindschaft und Frevelhaftigkeit: pff, chch, chch, rühr mich nicht an!

Es hilft alles nichts, Miezekatze, bei uns Menschen muß Schuld gesühnt werden; Gesetz und Ordnung wollen es, daß eine Katze, die etwas verbrochen hat, am Ort der Tat festgehalten wird, und: Da! da! da hast du, du Missetäterin! Die Ohren angelegt, wie rasend sich auflehnend, krümmt sich die Sünderin unter dem tragischen Ansturm der Strafe. Erledigt! – und wie eine Schlange, den Bauch auf der Erde, schleicht die armselige Kreatur vom Ort der Tat.

Aber noch ehe sich der Richter erhebt, sitzt sie schon mitten im Zimmer, die zufriedene zarte Katze, als wäre nichts gewesen, und leckt eifrig ihr zerzaustes Fell auf dem Rücken. Noch ein wenig unsicher blickt sie sich nach ihrem Peiniger um, doch schon mit goldig-schimmernden Augen: Sieh, ich bin ein schmuckes Kätzchen; öffne mir die Tür, ich möchte in die Küche.

Und sie geht, offensichtlich bemüht, sich nicht zu beeilen.

Megalomanie

Der Köter war nicht größer als ein Handschuh, hatte Froschaugen und dünne Beine, die er täppisch hob, als würden sie ewig frieren. In seinen dummen alten Kopf paßte nichts weiter hinein als der Name Putzi und die Gewißheit, daß es eine strafbare Handlung ist, eine Pfütze zu machen.

Eines Tages riß unter Donnergrollen der Himmel auf, und schwerer, tosender, prasselnder Regen flutete in massivem Strom herab; der sandige Schloßhof verwandelte sich im Nu in einen gelben See, der sich, wie ein Gebirgsbach rauschend, in den Park ergoß und dabei tiefe Rinnen grub.

In diesem Augenblick trappelte der Köter die Treppe hinab; und als er unter sich die göttliche Fügung der Überschwemmung sah, begann er zu zittern und zog mit der Demut eines reumütigen und geständigen Sünders sein mageres Hinterteil ein.

„Herrchen, Herrchen, strafe mich: Ich war's, ich habe die große Pfütze gemacht."

Eine Sache der Ehre

Er wurde von der erdrückenden Übermacht besiegt; was hilft's, ein Schäferhund ist schwerer und stärker als so ein zotteliger Pinscher; es war nur ein Haufen Zotteln auf der Erde, in die der Schäferhund seine schrecklichen Fangzähne schlug.

Seine Besitzerin zog ihn am Halsband aus dem sich balgenden Haufen; er ließ sich ziehen, blickte sich aber nach seinem Feind um: Du Feigling, du Memme! Wenn sie mich nicht festhalten würde!

Jetzt liegt er auf dem Teppich und leckt seine blutenden Wunden; und wenn sein Frauchen ihn anschaut, wedelt er triumphierend mit dem Stummelschwanz: „Dem hab ich's gegeben, was?"

Die Verlassene

Drei Nächte regnete es; und drei Nächte lang kam der graugestreifte Kater nicht. An die Wand geschmiegt, wartete sie, bis ihr die Pfoten fast erfroren; tagsüber, wenn sie dachte, niemand höre es, klagte sie mit dunkler, gebrochener Altstimme. Wollte man sie streicheln, verkroch sie sich prüde unter einem Stuhl: Pardon, heute habe ich keine Lust.

Doch am dritten Tag nach so einer Nacht wirft sie sich dir von selbst in die Arme, kuschelt sich zärtlich:

Streichle mich, trag mich, halt mich! Zeig dein Ohr, dein Kinn, deinen Hals! noch mal! noch mal! niemanden auf der Welt hab ich so lieb wie dich!

Und sie schnurrt, schnurrt laut und krampfhaft, bis sie keine Luft mehr bekommt.

Das Pferd

Auf der Straße schmetterte Musik, Hörner blitzten, und – bumm! bumm! – wälzte sich eine Pauke, wie ein starker Kerl, der einem Festzug den Weg bahnt. Ja, es war irgendeine Feier; hinter der dröhnenden Musikkapelle fuhr ein geschmückter Wagen, da waren Fähnchen und Mädchen und Geschrei, Tramtara und Cinellen, freut euch, Leute, hier kommt eine ganze Fuhre Musik; ich aber sah mir, ich weiß nicht, warum, das Pferd an, das dies alles zog, und wunderte mich sehr. Am ehesten hätte ich erwartet, daß es lächelt.

Das Pferd lächelte nicht, im Gegenteil; es blickte so ernst und würdevoll, daß es Anstoß erregte. Anscheinend wollte es kundtun, daß es die überschäumende Freude nicht billige. Das Pferd schaute nachdenklich drein, als ziehe es einen Leichenwagen, aber nicht einen Haufen Narren. Es schien zu grübeln.

Ich mache eine ernste und wichtige Arbeit.

1925

Philemon
oder Über die Gärtnerei

Der Kohl

Ich hatte meine Freude an ihm; er stand prächtig, war ein wenig bereift und so lockig wie der Schriftsteller František Langer in jüngeren Jahren; auf einmal aber tauchten wer weiß woher Kohlweißlingsraupen auf, die, wie der Name besagt, bei Strašnice Weißkohl fressen und meinen Kohl in Ruhe lassen sollen; und sie fraßen alles kahl, bis auf die schön verzweigten Rippen.

Vor dieser Katastrophe war ich geneigt gewesen, die Wertskala der Pflanzen zu korrigieren und die Kohlpflanze für die Königin der Blumen zu halten. Nun, es stimmt nicht; Königin der Blumen ist immer noch die Rose, augenscheinlich deshalb, weil sie nicht zum Fressen taugt.

Offenbar muß auch der Mensch sehr ungenießbar sein, da er die Krone der Schöpfung wurde.

Die Sukkulenten

Denken Sie nicht, ich hätte eine Sammlung davon; ich habe nur vier Töpfe und ein wenig Hauswurz; aber trotzdem bringt mich diese Vegetation zum Staunen.

Der eine Kaktus sieht aus wie ein Stück rohes Hammelfleisch, das sich vorgenommen hat zu sprießen; er ist rot, ein wenig violett verfärbt, dick und verunstalteten Pfoten sehr ähnlich; dieses Wunder der Natur ist, ehrlich gesagt, ziemlich scheußlich.

Der nächste Kaktus gedenkt eine Gestalt anzunehmen, als sei er der Phantasie eines Klempners entsprungen. Das macht er bestimmt absichtlich; er gibt sich den Anschein eines künstlichen Erzeugnisses.

Der dritte, das sind schöne, dicke, grüne und violette Säbel mit einem offenkundigen Hang zur Stilisierung; aber alles ist mit schimmeligen, weißen Warzen wie mit einem tropischen Ausschlag übersät. Anscheinend ist das nicht ansteckend.

Das vierte Ungetüm muß man wachsen sehen. Zuerst sprießen Haare, sie bilden Sternchen, und unter jedem Sternchen zeigt sich ein grüner Huckel. Schließlich wird es eine gehörnte Kugel, dicht besetzt mit stachligen Sternchen. Ich vermag mir nicht vorzustellen, was weiter daraus entsteht.

Am seltensten aber ist die gewöhnliche Hauswurz; ich habe sie gepflanzt und mich nicht weiter um sie gekümmert; soll sie zeigen, was sie kann. Nun, sie kann etwas Besonderes; wo immer sie will – unter den Achseln, auf dem Rücken, auf dem Kopf – treibt sie ein blattartiges grünes Köpfchen, das bricht ab, kullert auf die Erde, schlägt Wurzeln und wächst wie verrückt.

Was finge ich an, wüchse mir unter der Achsel oder auf der Brust oder im Genick ein Kind? Manche Hauswurzpflanzen tragen zwanzig Sprößlinge; es ist wie ein Ausschlag der Fruchtbarkeit; es ist entfesselte Mutterschaft.

Das Unkraut

Ich habe eine Entdeckung gemacht; jede Pflanze hat nicht nur ein anderes Blatt und eine andere Blüte, sondern auch eine andere Wurzel. Ihr, die ihr nie im Boden herumwühlt, um Unkraut zu jäten, habt keine Ahnung vom verborgenen Reichtum an Wurzeln. Es gibt quabblige, fleischige, kränklich blasse Wurzeln; oder steife, verzweigte, üppige wie Schöpfe; kriechende, holzige, aufgequollene, knollige, zähe und spröde, feste wie Schafssehnen, tiefe und sich flach ausbreitende, dicke und ausgezehrte, rosafarbene wie lebendige Nerven und schwarze wie Fäulnis, zottige und kahle; ich sage euch, unter der Erde ist genauso ein Reichtum wie über der Erde.

Der Lehm

Ich sprach von Lehm, und ein Gärtner nahm mir das übel. Gartenerde, sagte er, ist kein Lehm; es ist Mutterboden, Humus, eine edle und lebendige Masse, Lehm aber ist bekanntlich etwas Totes, Ton und tauber Boden. Ich war ein wenig beschämt; der Gärtner hatte recht. Warum aber hat der Herrgott den Menschen aus Lehm erschaffen und nicht aus Mutterboden? Es steht nicht geschrieben, daß Adam aus Humus erschaffen worden sei. Es wird nicht gesagt, daß der Schöpfer ihn aus feiner Lauberde gemacht habe. Offenbar sparte er Humus und Lauberde für den Garten Eden auf. Schließlich vergeuden wir Gärtner den besten Mutterboden nicht für irgendwelche zweifelhaften Experimente.

Wie Wolken gezüchtet werden

Es kostet recht viel Mühe; man muß sehr gründlich jäten, Unrat und Steine aus dem Mutterboden herausklauben, auf der Erde knien, sich bücken, im Boden wühlen, gießen, Raupen ablesen, Blattläuse vernichten, den Boden auflockern, kurz: der Erde dienen; wenn dir davon dann der Rücken weh tut und du dich aufrichtest und zum Himmel schaust, hast du die schönsten Wolken. Probatum est.

1925

Äsop als Gärtner

Der Ohrwurm

Du elendes, nichtsnutziges, häßliches Untier, das meine jungen Pflänzlinge benagt, die Keime abfrißt, kaum daß sie sprießen, in zielloser und widerwärtiger Eile in jedem Winkel des Hauses herumkrabbelt, sich unter meinem Kissen versteckt und in meinem Wasserglas schwimmt, du gekrümmter Wüterich, der mit den Scheren nach mir schnappt, nun sag mir doch, wozu bist du überhaupt auf der Welt? Welchem Zweck dienst du? Welchen Nutzen bringst du? Gibt es ein Geschöpf unter der Sonne, das nutzloser wäre als du?

„Ich bin nicht nutzlos, Mensch; ich habe in meinem Leben etwas unerhört Nützliches getan."

Was hast du Nützliches getan, Ohrwurm?

„Ich habe neue Ohrwürmer in die Welt gesetzt."

Die Katze im Garten

Du hast mit viel Mühe auf dem dürren Boden ordentlichen Rasen angelegt und die kahlen Ruten zu Büschen gedeihen lassen; auf dem Schoß hast du das wimmernde streunende Katzenjunge zu einer Hauskatze erzogen. Und jetzt schleicht deine Miezekatze wie eine Schlange zwischen den hohen Halmen und Sträuchern einher, funkelt mit den goldigen Augen, und über ihr glänzendes Fell laufen lustvolle Zuckungen.

„Ich? Ich bin ein wildes Raubtier im wilden Dschungel."

Das Eigentum

Ich hege eine alte Sympathie für Sperlinge, weil sie fröhlich und arm sind; weil sie grau sind wie die Lumpen der Armen, struppig wie Landstreicher, sorglos wie Kinder, geschwätzig, zufrieden mit dem Leben und irgendwie demokratisch; aus diesen und anderen Gründen habe ich immer mit Wohlgefallen beobachtet, wie sie sich im Leben so durchschlagen.

Geh weg, du Nichtsnutz, hau ab, Spatz, verschwinde, du elender Dieb! Wo ist meine Katze, wo ist mein Stock, wo ist mein Revolver? Du Schurke, du Bandit, willst du *meine* erste Kirsche von *meinem* Spalierbaum picken?

Eine staatsmännische Tat

Es war nicht viel los mit der Begonie im Blumentopf; trotz aller Bemühungen faulte sie unten und welkte oben, so daß sie einen häßlichen Anblick bot. Verärgert stellte der Gärtner sie schließlich in den finstersten Winkel im Keller. Dann vergaß er sie ganz, hatte er doch bessere Dinge im Sinn als eine mißratene Begonie.

Als er vierzehn Tage später im Keller nach einem leeren Blumentopf suchte, fand er die Begonie auferstanden, noch einmal so groß wie zuvor und durstig wie die Wüste, schrecklich begierig zu leben.

„Wie unser Gärtner seine Sache versteht", wisperten die anderen Blumen. „Welch staatsmännische Weisheit!"

Der Blumentopf

Da guckst du, was? Wie ich seit dem Frühjahr gewachsen bin! Wieviel Blätter ich habe! Wie schön ich blühe und dufte!

Der Regenwurm

Brrr! Schnell in die Erde! Rasch eingraben in die ehrliche, feuchte Erde! Hu, ein Mensch hat mich angefaßt! Wie widerwärtig trocken und warm er ist! Das vertrage ich nicht, es dreht mir den Magen um! Fi!

Ein Kind im Garten

Das Kind reißt Knospen ab und steckt sie auf dem schmalen Weg in den Sand.

He, was stellst du da an, du kleiner Zerstörer?

„Ich pflanze Blumen."

Der Kaktus

Ich steche dich, und zum Dank wirst du sagen, ich hätte herrliche Stacheln.

Das Unkraut

Ich weiß, Nachbar Lolch: Das ist eine richtige Verschwörung gegen mich. Die Wiese wird doch nur gemäht, um mich zu vernichten. Hagel haben sie geschickt; von der Sonne wollen sie mich verbrennen lassen; Maulwürfe und Regenwürmer haben sie gegen mich gedungen. Aber ich gebe nicht auf. Ich weiß, warum sie es auf mich abgesehen haben. Oh, ich könnte Sachen erzählen!

1926

Fabeln

I

Menschen

Ist das eine Plage, Mann. Alleweil muß ich die Bengels wegjagen, damit sie nicht meinen Hund necken.

Und ich muß die Hunde wegjagen, damit sie nicht meine Katze jagen.

Und ich muß im Garten Katzen schießen, damit sie nicht Jagd auf Vögel machen.

Und ich muß Vögel schießen, damit sie nicht die Kirschen wegfressen.

Die Blattlaus

Frau Nachbarin, gibt 's denn Gerechtigkeit in der Welt? Störe ich jemanden? Stehe ich jemandem im Weg? Ich sitze still auf der Unterseite eines Blattes, bin nicht zu sehen und nicht zu hören, ducke mich brav in meinem Winkel, halte Ruhe, kümmere mich um meine Angelegenheiten, nur meine Eier trage ich aus und ziehe still und leise von Blatt zu Blatt – ich sage Ihnen, liebe Frau, ich habe mit niemandem etwas, dränge mich nicht in den Vordergrund, mische mich in nichts ein, und trotzdem – der Mensch, dieser Rohling, dieser Herodes, der haßt und bekämpft mich!

Die kleine Birke

Eine hübsche junge Birke nennen sie mich. Was ist das schon! Wartet nur, wie schön ich sein werde, wenn ich alt bin!

Der Regenwurm

Ich sage Ihnen: daß die Menschen pflügen ..., daß sie graben ..., daß sie die Erde hacken ... Das tun sie nur meinetwegen. Sie wissen, daß ich es nicht gern habe. Sie machen es absichtlich. Um mich zu stören.

Der Fabrikschlot

Haha, Wolken! Das ist gar nichts! Die dünnen Schwaden! Schauen Sie sich lieber meinen Rauch an: wie dicht und schwarz der ist! und welche Massen! Zum Schneiden, so dick! Ja, *das* nenne ich Wolken!

Die alte Kiefer

Wie man mein Alter und meine Größe erreicht? Das ist ganz einfach: Sie müssen sich trockenen und sandigen Boden aussuchen, nur kein Grundwasser, wenig Humus, bescheidene Ernährung. – Eine alte Buche hat Ihnen im Gegenteil möglichst guten Boden empfohlen? Und die Weide unterbödige Feuchtigkeit? Glauben Sie so was nicht, das sind dumme Ansichten; hören Sie auf mich: Am besten sind reiner Sand und Dürre, Dürre, Dürre!

Das Dach

Ich weiß, ich weiß; an mir ist nichts weiter, mich guckt niemand an. Aber wie schön ich bin, wenn ich im Regen glänze! Und wie ich mich dann als *Dach* fühle!

Der Pantoffel

Ich Unglücklicher! Immer muß ich zusammen sein mit dem anderen, diesem liederlichen, dämlichen Pantoffel! Wenn der nicht wäre, könnte ich einen besseren Partner haben.

Die Ameise

So was! Diese Idioten bauen ausgerechnet *uns* ein Haus in den Weg!

Die Biene

Da wird soviel Aufhebens gemacht von meinem Fleiß! Was mich betrifft, ich halte mehr von meinem Stachel!

Die Petroleumlampe

Eine Glühbirne? Na und? Aber ich konnte summen.

Die Blüte

Es ist nicht wahr, daß ich verblühe. Ich wachse.

1932

II

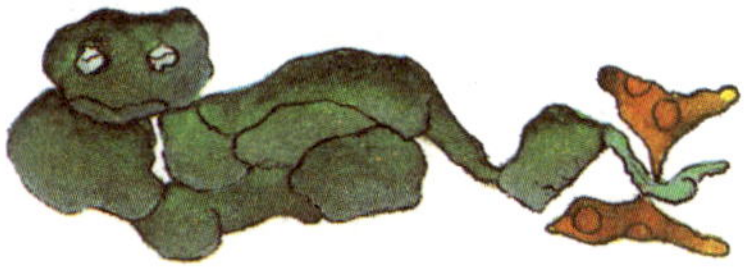

Die wissenschaftliche Raupe

Haha, aus mir soll ein Schmetterling werden? Aberglaube von alten Weibern, mein Herr. Nichts als Illusion. Ein Märchen für Kinder. Es ist wissenschaftlich erwiesen, daß wir Raupen nichts als Därme und keine Flügel haben. Von wegen bunte Flügel. Man verendet – und Schluß.

Die Blattwanze

Ich, meine Dame, kann mich an meinen Kindern freuen. Sie sind gesund, sie sind begabt und aufgeweckt und stinken sogar schon. – Gott sei Dank, sie werden in der Welt nicht untergehen.

Das Adreßbuch

Gedichte! So ein schmales Heft. Und so was nennt sich auch Buch!

Ein alter Zeitgenosse

I bewahre, in meiner Jugend, das waren andere Zeiten. Damals sind wir Eschen in den Himmel gewachsen. Und das Gras? Das Gras wuchs damals höher als ich. Stellen Sie sich mal vor, was das für Gras war! Jetzt dagegen ...

Der Löwenzahnsamen

Ich fliege! Ich erhebe mich! Ich steige bis zu den Wolken! Jetzt weiß ich endlich, warum ich auf der Welt bin!

Die Laus in den Haaren

Was ist denn unter uns, tief unten, wohin unser Rüssel nicht reicht? Nichts. Nur Stein. Unbelebte und nutzlose Materie.

Der Laufkäfer

Es gibt ein einziges Lebensgesetz. Eine einzige Moral. Eine einzige Weisheit: Seid hart!

Die Schnecke

Ameisen sind Gesindel. Stellen Sie sich vor, die wissen nicht mal, daß die Große Schnecke die Welt regiert!

Der Blumentopf

Ich soll eine Tonscherbe sein? Ich? Sehen Sie mal, was aus mir gewachsen ist!

Der Hahn

Noch dämmert es nicht. Noch habe ich das Zeichen nicht gegeben.

Der rostige Nagel

Haha, ich habe ihn in die Ferse gestochen! Und da sagen sie noch, ich sei nicht zu gebrauchen!

Der Baum

Um weit zu sehen, muß man hoch wachsen.

Der Spatz

Was das schon ist, eine Nachtigall! Wir Spatzen sind viel häufiger.

Der Holzklotz

Wieso sagt man nicht auch „Ehrwürdiger Holzklotz"?

Der Kot

Wenn ich Flügel hätte! Dann, mein Bester, würde ich mich anders zur Geltung bringen.

Der Fuchs

Man unterscheidet drei Sorten von Lebewesen: Feinde, Konkurrenten und Beute.

Der Habicht

Was denn, Grausamkeit? Kampf ums Dasein, mein Herr, ist immer legal.

Der Tausendfüßler

Nur eines, nur eines wüßte ich gern ... ob es auf anderen Planeten auch Tausendfüßler gibt.

Die Wanze

Ich habe nicht umsonst gelebt. Ich hinterlasse eine Reihe von Nachkommen. Und lauter Wanzen! Lauter Wanzen!

Das Unkraut

Ein majestätischer Baum, bah! Warten Sie, wenn *ich* fünfhundert Jahre alt bin!

Der Siebenschläfer

Es gibt drei Klassen von Geschöpfen: Siebenschläfer, Tiere und Pflanzen.

Die Blüte

Ich dufte? Ich locke Insekten an? Ach, sehen Sie, davon weiß ich gar nichts!

Die Kröte

Fortschritt? Ist doch klar, was Fortschritt ist. Ich zum Beispiel war weiter nichts als eine Kaulquappe.

Die wichtige Fliege

Das wissen Sie nicht? Das ist doch die Fliege, die sich auf des Königs Stirn gesetzt hatte!

1932

III

Arbeitsteilung

Ich schaue euch zu, wie ihr arbeitet, und ihr schaut zu, wie ich esse.

Neid

Ach Gott, hier duftet's nach Würstchen, und ich habe zum Abendessen nur einen Kapaun!

Der Arbeitgeber

Wieso Achtstundentag? Denkt ihr, ich gebe nur acht Stunden täglich Geld aus?

Der Henker

Wissen Sie, unsereins ist auch nicht gefühllos. Umsonst würde ich das nicht tun.

Der Herrscher

Ich befehle euch, mich zu bezahlen, und ihr bezahlt mich, damit ich euch Befehle erteile.

Die Psychoanalyse

Diese Nacht träumte ich von meiner verstorbenen Mutter. Nun sagen Sie mir bitte, bedeutet das Blutschande oder Nekrophilie?

Die Wanze

Was ich alles von den Menschen weiß! Ich könnte Sachen erzählen!

Der Kaktus

Nur gut bewaffnet sein! Seht, wie der Mensch mich fürchtet! Er bedient mich sogar.

Der Pfau

Ich trage das nicht zur Zier. Das ist wegen der Weibchen.

Die philosophische Raupe

Verschonen Sie mich mit dem Menschen! So ein Relativist! Ein Geschöpf, das alles frißt! Was mich betrifft, ich akzeptiere nur Kreuzdornblätter.

Der Habicht

Ich bin nämlich aus Prinzip Individualist.

Die Biene

Wieso ich einen Stachel habe? Im Namen des Bienenstocks.

Die Fliege

Ja, schlechte Zeiten. Aber im Krieg, Mädchen, da gab's viele schöne Leichen!

Der Regenwurm im Blumentopf

Was wissen Sie von Einsamkeit! Aber ich, ich bin beides, Männchen und Weibchen – Ach, welch eine Einsamkeit!

Das Zündholz

Schauen Sie, ich bin das ewige Feuer!

Der Kochsche Bazillus

Tuberkulose? Was ist das?

Die Raupe

Sexualität! Ich wundere mich, daß soviel darüber geredet wird. Nach meiner Meinung wird das stark übertrieben. Ich zum Beispiel komme gar nicht auf solche dummen Gedanken. Ich bin viel zu vernünftig.

Der Maulwurfshügel

Die blaue Spitze am Horizont? Das ist nichts weiter. Sie nennen es Mont-Blanc.

Der Lappen an der Stange

Sich im Wind drehen? Das doch nicht, aber man muß mit dem Geist der Zeit gehen.

Die Wetterfahne

Heute bläst es von Nordnordwest, und basta!

Das letzte Blatt am Zweig

Es lebe das Leben!

1932

IV

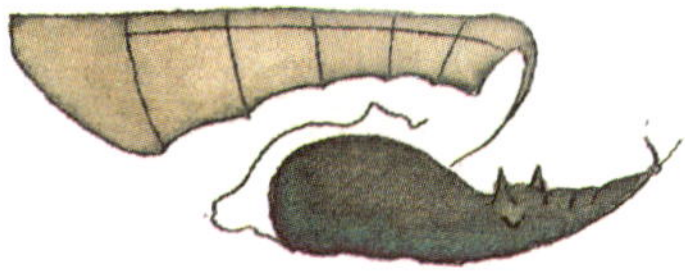

Ein Holzscheit im Wasser

So eine Forelle wird *mir* erzählen, wie man schwimmen muß! So eine Halbgebildete! Die schwimmt doch gegen den Strom!

Die Eintagsfliege

Eine hundertjährige Schildkröte! Wie kann jemand so schrecklich rückständig sein!

Der Engerling

Winter? Den habe ich längst überwunden!

Die Maus

Hm, Vögel. So ein Relikt! Ich verstehe nicht, wie jemand ein Vogel sein kann.

Der Sperling

Daß die Lerche recht hat? Ausgeschlossen. Es gibt nur eine Wahrheit – die der Sperlinge.

Die Schnecke

Eine Gerade ist nicht richtig, weil sie keine Spirale ist.

Die Kühlerfigur

Ich lenke den Wagen. Ich führe.

Der Tonschiefer

Wir Tonschiefer erkennen keinen Quarz an.

Die Brennessel

Der Garten ist verwildert? Das finde ich gar nicht.

Die Fliege

Sehen Sie den Dreck auf dem Bilderrahmen? Das ist mein Werk, mein Herr. Ich bin auch Maler.

Der Karpfen

Kein einziges Lebewesen kann an der Luft leben.

Die Flaumfeder im Wind

Aus dem Weg, jetzt fliegen *wir*!

Die kompetente Raupe

Botanik? Das ist *mein* Fach.

Der Kieselstein

Ich habe es mir innerlich erarbeitet, ein Kieselstein zu sein.

Der Esel

Pfui! So eine ernste Zeit, und der Kirschbaum schämt sich nicht zu blühen!

Die Ameise im Haufen

Ich hab's. Die Forderung des zwanzigsten Jahrhunderts lautet: Kollektivität.

Der Floh im Hundefell

Da haben wir es Nachbars Köter aber gegeben, was?

Die Blattwanze

Daß ihr's wißt, ich stinke im Namen aller Blattwanzen.

Das trockene Blatt

Das Gebot der Zeit? Das kennen wir: Im Wind rauschen.

Der Rauch

Ihr alle seid Sklaven der Materie. Nur ich bin frei. Ich und die Wolken.

Die Wäsche auf der Leine

Ich bin eine Fahne und wehe! Mir nach! In den Kampf!

Der Mist

Bin ich anorganisch? Bin ich organisch? Welch existentielles Problem!

Der getrocknete Schlamm

Nur hartes Gestein hat Bestand. Ich bin nämlich Gestein.

Die Verwesung

Ich gehe auch mit der Zeit.

1933

V

Thersites

Hurra, hurra, wir Griechen haben gewonnen!

Ephialtes

Dem Schurken Leonidas habe ich einen Strich durch die Rechnung gemacht.

Der Nachbar

Er ist ein Feigling und Verräter, der Archimedes! Der Feind greift unsere Stadt an, und *er* zeichnet seine Kreise!

Cato der Staatsmann

Was? Hunger? Elend? Mißernte? Das zählt nicht. Vor allem muß Karthago zerstört werden.

Ananias

Daß er die Welt retten wollte – warum nicht? Aber er hätte es sich nicht mit den Pharisäern verderben sollen.

Nero

Die Verfolgung der Christen ist eine Lüge. Wir widerlegen nur ihre Weltanschauung.

Attila

Wir sind auch gekommen, um die Welt zu retten.

Boleslav der Grausame

Mit dem Wenzel, das war eine politische Notwendigkeit.

Dschingis-Chan

Immer schießt und schlagt! Schließlich geht es um die Größe des Tatarentums.

Die Muselmanen

Ja, aber *wir* kämpfen im Namen Gottes.

Der Diktator

Ich habe Einmütigkeit erreicht. Alle müssen gehorchen.

Der Tyrann

Ihr Pack, ich habe ein ruhmreiches Volk aus euch gemacht!

Nach der Bartholomäusnacht

Uff! Wir haben die geistige Einheit des Volkes wiederhergestellt.

Konias

Bildung? Mann, was habe *ich* nicht alles gelesen!

Der Konquistador

Du weißt, barmherziger Gott, Unmenschlichkeit ist mir fremd. Aber die Azteken sind keine Menschen.

Neger

Wir haben das Dorf Twi niedergebrannt. Unser Sieg ist ein neues Blatt in der Weltgeschichte.

Der Heerführer

Maul halten, meine Helden!

Über dem gefallenen Feind

Er hat angefangen. Er hätte sich nicht wehren sollen, dann wäre Friede gewesen.

Einer, der Gefallene fleddert

Nur keine schwächliche Humanität! Krieg ist Krieg.

Eine Meldung

Einwohner niedergemacht und Stadt niedergebrannt unter Einhaltung absoluter Ordnung und Disziplin.

Der Führer

Wir kämpfen für eine erhabene Idee: für unseren Sieg.

Ein Zeitgenosse

Hat Hus recht? Ich sage Ihnen: seine Taktik ist nicht richtig.

Ein anderer Zeitgenosse

Was hat der Galilei gesagt? Die Erde dreht sich um die Sonne? Hm, *ich* habe ernstere Sorgen!

Noch ein Diktator

Ich habe ihnen die Freiheit genommen, doch dafür habe ich ihnen Selbstbewußtsein eingeflößt.

1933

VI

Der Feind

Katze: Mein größter Feind ist der Hund.
Hund: Meiner auch.

Die Moral der Raubtiere

Es gibt nur zwei Arten von Geschöpfen: Feinde und Konkurrenten.

Die Löwenschule

Wenn du fressen gehst, dann nennt man dies das Recht des Stärkeren oder eine Frage der Löwenehre.

Die Ameise

Ich führe nicht Krieg. Krieg führt der Ameisenhaufen.

Die Schlange

Ich? Ich will nur meine Ruhe.

Der Schmetterling

Unerhörte Frechheit! Was sich so ein einfacher Kohlweißling erlaubt!

Die Turmschwalbe

Diese elenden, stinkenden, minderwertigen Rauchschwalben!

Der Ochse

Ich frage mich, wozu gibt es eigentlich Hirsche auf der Welt?

Die Zaunlatten

Seht mal, diese dämlichen Bäume: lauter Zweige und keine Ordnung.

Der Zaunpfahl

Ruhe, ihr Latten! Der Zaun – das bin ich.

Die Scherbe im Blumenbeet

Ich, ich soll mit diesem dreckigen Lehm zusammen sein? Nein, mein Lieber, dazu bin ich viel zu gut.

Der Prellstein

Die Sonne? So eine Bummlerin! Immerzu muß sie sich herumtreiben. Kein fester Standpunkt.

Die Blattwanze

Jeder hat seine Lebensart. Ich zum Beispiel stinke.

Der Ziegel

Ich weiß am besten, wie alles aussehen sollte. Rechtwinklig.

Der Kuhfladen

Patsch! So, jetzt habe ich meine Persönlichkeit voll entwickelt.

Die Gosse

Ich weiß, daß ich kein großer Strom bin. Aber dafür diese Innerlichkeit!

Der Spiegel

Ich hab's. Die Welt ist nur in meiner Vorstellung. Außer mir ist nichts.

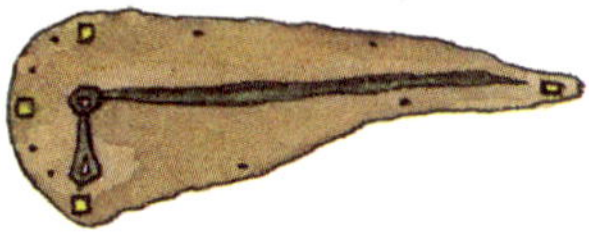

Die Uhr

Ich gehe nicht falsch, ich gehe vor. Ich zeige die Zukunft.

Die Fliege vor der Katastrophe

Die Tage werden kürzer. O weh, jetzt kommt das Ende der Welt!

Der Spatz und die Weltlage

Nirgendwo ein Pferdeapfel. Wie soll das nur weitergehen mit der Welt?

Der Misthaufen

Schaut her, wie ich wachse! Das ist Lebenskraft, was?

Die Geburt einer Eintagsfliege

Seht mal, seht mal, ich habe das Leben erfunden!

Der Felsblock

Frühling? Hm, der geht vorüber. Wieviel Frühlinge habe ich schon gesehen, und sie waren alle umsonst.

Das Heute

Auch ich werde dereinst ruhmreiche Vergangenheit sein.

1933

VII

Der Kritiker

Wozu sollte ich mir ansehen, wie die Welt ist? Mir genügt zu wissen, wie sie sein *sollte*.

Der Prophet im Februar

Wir müssen uns auf die Winterszeit vorbereiten.

Die kritische Kröte

Ich sage immer, die Schlange dürfte nicht so unmäßig lang sein.

Der Mast

Das ist die höchste Entwicklungsstufe: keine Wurzeln, keine Zweige, keine Blätter.

Die zivilisierte Ratte

Laßt mich mit dem Dorf in Ruhe. Dort gibt's ja nicht mal Kanalisation.

Die Schildkröte

Wieso ich nicht wie ein Frosch springe? Aus Prinzip.

Die Ziege am Strick

Wie klein die Welt ist!

Die Fliege am Fenster

Ich weiß schon, wo die Grenzen der Wirklichkeit sind.

Der Spiegel

Der Mensch ist nur in meiner Vorstellung.

Der zerschlagene Topf

Die Welt taugt zu nichts. Vergänglichkeit über Vergänglichkeit.

Die Eintagsfliege

Geschichte? Das sagt mir nichts.

Die Spinne im Netz

Warten ist auch eine Schinderei.

Die Kaulquappe und das Hochwasser

Hurra, wir Kaulquappen haben die ganze Welt überschwemmt!

Der verdorrte Ast

Ich habe mich selbständig gemacht.

Der Schlamm

Das haben wir hier sauber abgespült, wir Wolken!

Die Generation

Platz für uns Jugendliche! Für wie lange? Für mindestens fünfzig Jahre!

Der Baum in der Stadt

Ich führe. Ich bin als erster von allen rostrot geworden und habe das Laub verloren.

Die Schmetterlingspuppe

Hört, das Zeitalter der Puppen ist angebrochen!

Der Führer

Alle mir nach, ich führe euch vom November in den Dezember.

Das Schaf

Sollen sie mich schlachten, wenn sie mich nur führen.

Der Sklave

Ich könnte so manches, wenn es mir nur jemand befö̈hle.

Die braune Ameise

Freiheit für die Ameisen! Die ganze Welt den Ameisen! Allerdings nicht den schwarzen.

Der Wolf

Frieden ist, wenn niemand uns Wölfe jagt.

Der Diktator

Ich habe meinem Volk den Glauben gegeben. Den Glauben an die Fahne.

Die Hyäne

Kusch! Wir Löwen kennen keine Sentimentalitäten.

1933

VIII

Grundlegende Widersprüche

Chauffeur: Der Kerl da trottet wie ein Schaf.
Fußgänger: Der Halunke da fährt wie ein Verrückter.

Der Kaninchenzüchter

Mich wundert, wie jemand Taubenzüchter sein kann.

Der Pessimist

Der Frühling kommt? Menschenskind, Sie sind ja Optimist!

Die Volkswirtschaft

Wagenschmierer: Ich weiß, warum das Elend auf die Welt gekommen ist. Weil keine Wagenschmiere verkauft wird.
Kalkbrenner: O nein. Weil der Kalkpreis gefallen ist.

Der Menschenfreund

Von wegen Elend! Gerade habe ich einem Bettler zehn Heller gegeben.

Kapitalismus

Ich mache es nicht für mich, sondern für Geld.

Der Funktionär

Das hätte noch gefehlt, daß ein anderer etwas auf dem Gebiet machen will, auf dem ich aus Liebe zur Sache arbeite!

Das Vermächtnis

Was du selbst nicht tun kannst, das verdirb wenigstens dem anderen!

Liebe zur Nation

Nur unsere Partei ehrt unsere große und heldenhafte Nation. Alle anderen sind lauter Verräter, Feiglinge, Söldlinge und Schurken.

Der Führer

Die Naturkräfte sind von jetzt an mir unterstellt. Ich ordne für alle Körper den senkrechten Fall an!

Der Staatsmann

Nützlich für den Staat? Das ist entweder das, was uns nützt, oder das, was den anderen schadet.

Rede an die Soldaten

Es heißt auch nicht „Menschen auf der anderen Seite". Es heißt entweder „Feinde" oder „Verbrecher".

Der Demagoge

Das dumme Pack denkt, ich führe es, dabei führt es mich.

Die autoritäre Regierung

Ich befehle euch, was ich will, aber ich befehle, weil ihr es wollt.

Der Militarist

Der Krieg ist eine rein innere Angelegenheit. Zweck des Krieges ist es, daß sich das Volk seiner Kraft bewußt wird.

Der Tyrann und die Philosophen

Ich werde Taten vollbringen, und ihr werdet Rechtfertigungen dafür suchen.

Die Derwische

Er wurde uns von Allah gesandt, um uns zu führen.

Die Massen

Warum wir hurra rufen? Weil sein Ruhm unser Ruhm ist.

Der Sklave

Gehorchen heißt Anteil haben an der Macht seines Herrn.

Einer der Gleichgeschalteten

Es ist ein wunderbares Gefühl: Auch ich bin Wir.

Einer, der Gefallene fleddert

Hurra! Wir haben gewonnen!

Der Bürgerkrieg

Schießt ruhig auf sie! Legal ist die Partei, die Kanonen hat.

Der edelmütige Sieger

Ich räche mich nicht. Als ich ihn niederschoß, verzieh ich ihm, daß er sich gewehrt hatte.

Der Henker

Und von mir sagt keiner, daß ich ein Held bin.

1934

IX

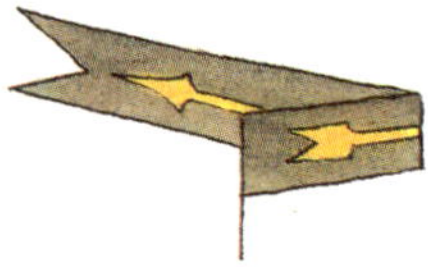

Die Planeten

All diese minderwertigen Planeten, die sich um andere Sterne drehen!

Das Lüftchen

Du hättest gestaunt, Pusteblume, wie wir Orkane auf Florida gewonnen haben.

Die Eichel

Dieses Gerede, weil eine tausendjährige Eiche umgestürzt ist! Als ob wir jungen Eichen nicht wären!

Die Flaumfeder im Wirbelwind

Hurra! Kommt, wir reißen Bäume aus!

Der Buchstabe E

Die anderen Buchstaben abschaffen und nur das E lassen: Das wären dann Gedichte!

Der Span, der vom Hochwasser fortgeschwemmt wird

Ich gehe mit.

Die Wetterfahne im Wind

So, jetzt habe ich eine neue Richtung gefunden.

Die Welle im Strom

Seht mal, wie viele mir folgen!

Der Staub im Zyklon

Sollen die Bäume brechen, wenn ich nur fliege!

Die nasse Windel

Die Sintflut? Das ist genau mein Fall.

Die Maus

... zum Beispiel Hörner auf dem Kopf haben ist offensichtlicher Unsinn.

Der Nesselfalter

Wie kann jemand ein Ulmenfalter sein!

Die Raupe

Nektar? Nektar? Den fresse ich aus Prinzip nicht.

Die Tulpe mit Schönheitssinn

Pfui! Wer spricht denn von Lehm!

Die Sau und die Perlen

Brrr! Was haben sie mir da für eine Sauerei in mein Futter getan!

Der Geist der Herde

Wir halten zusammen? O nein. Wir halten nur zu unserer Herde.

Das Unkraut

Das nennen Sie einen großen Baum? Sehen Sie mal, der hat doch einen trockenen Zweig!

Der Bazillus

... ich bin halt ein stiller Arbeiter.

Der Holzwurm

Das hab ich aber zerbohrt!

Der Wurm im Sarg

Es gibt doch eine Gerechtigkeit: Jetzt bin ich an der Reihe.

Der Kot

Schrecklich kleine Verhältnisse. Da kann man nicht mal ordentlich stinken.

Der zerschlagene Topf

Ich sage, die Zeiten sind nicht mehr so, wie sie früher waren.

Der Riß in der Mauer

Was ich sein möchte? Ein ungeheuer großer Spalt.

Der Stein des Anstoßes

Ich störe? Das ist meine Pflicht.

Von den Bergen ist ein Stein herabgerollt

Na bitte, na bitte, mit dem Gebirge geht's auch schon bergab!

1934

X

Der Pharao

Die Ermordung der israelitischen Knaben? Eine rein administrative Maßnahme.

Eine persische Nachricht aus Thermopylä

Gestern hat sich der heldenhafte griechische Kämpfer Ephialtes unseren Fahnen angeschlossen.

Eine Nachricht aus Herodes' Stab

Unsere Regimenter erkämpften einen glänzenden Sieg über die Bethlehemer Säuglinge.

Alexander der Große

Mein Ziel ist erreicht. Ich habe Indien für alle Zeiten zu einem Teil Makedoniens gemacht.

Auf den Ruinen

So, und jetzt ist der Frieden wiederhergestellt.

Siegesmeldung

Wir haben zwanzigtausend gefallene Feinde und ein paar Verräter unterworfen.

Attila

Auch ich will Frieden, aber einen hunnischen.

Der Khan

Schlagt sie ruhig tot! Ich will mich zu ihrem Kaiser ausrufen.

Auf dem Schlachtfeld

Sieh da, unser Volk ist um dreitausend gefallene Feinde gewachsen!

Der Konquistador

Die Barbaren kämpfen mit Pfeil und Bogen gegen unsere Kanonen!

Der Besiegte

Ich floh, um weiteres Blutvergießen zu verhindern.

Der Heerführer

Richtet die Waffen auf die, die sich wehren, und natürlich auch auf die, die sich nicht wehren.

Eine Meldung

Auf unserem Vormarsch brannten wir noch einige Dörfer nieder. Die restliche Bevölkerung bereitete unserem Heer einen begeisterten Empfang.

Der Krieg um Kolonien

Wartet nur, ihr dreckigen Wilden, wenn ihr erst unsere treuen und glücklichen Untertanen seid!

Diplomatie

Wir verurteilen zwar Gewalt, sind aber bereit, Waffen zu liefern.

Der Neutrale

Neutralität? Das bedeutet am Krieg verdienen, den andere führen.

Der Imperialist

Gleichgewicht der Kräfte – das ist, wenn wir die Übermacht haben.

Kolonisation

Und jetzt werden wir uns väterlich um die kümmern, die übriggeblieben sind.

Mars

Ein Verbot der Aggressionskriege? Nur wenn Verteidigungskriege und Strafexpeditionen bleiben!

Kriegerdenkmal

Hier ruht der unbekannte Packesel.

Meldung vom Schlachtfeld

Unser heldenhafter Giftgasangriff veranlaßte die Horden der Eingeborenen zu feiger Flucht.

Der Tod

Ihr Narren, das ist *mein* Sieg!

Frieden

Jetzt können wir uns wieder in Ruhe der weiteren Aufrüstung widmen.

Fortschritt

Wir werden die Wilden bald zivilisiert haben; Thermit und Yperit haben sie schon kennengelernt.

1936

XI

Der Staatsbürger

Verdammte Regierung! Schon wieder will meine Zigarre nicht brennen!

Der Querulant

Wieso mußte ich schon wieder zuviel trinken?

Der Bäcker

Ich sage, die Semmeln teurer machen und alles andere billiger; dann wäre die Krise vorbei.

Der Arbeitgeber

... unsere Arbeit ist Gemeinschaftsarbeit; wir alle, Sie und ich, arbeiten für *meinen* Betrieb.

Ein Bürger des Ortes

Ein Skandal! Wie können unsere Armen zulassen, daß hier noch ein Bettler aus einem anderen Kreis nichts zu essen hat!

Die Zeitung

Wahr ist nur, was im Interesse unserer Partei ist.

Der Bettler

Alle Wohltätigkeitssammlungen sollten abgeschafft werden, sage ich.

Der Satte

Das Elend auf der Welt wird schrecklich übertrieben. So schlimm ist es nicht.

Ein alter Zeitgenosse

Ich habe ja schon vor fünfzig Jahren gesagt, wir stürzen in den Abgrund!

Der Pensionär

Wie ich sehe, geht es mit der Welt zu Ende.

Der Literat

Genügt es denn nicht, daß *ich* Bücher schreibe?

Der Journalist

Ich habe nicht umsonst gelebt. Allein wieviel Haß ich zum Beispiel hervorzurufen vermocht habe!

Der Anonyme

Der Mensch hat seine Ehre. Unter meinem Namen hätte ich das nicht geschrieben.

Der Leser

Schon die ganze Woche keine weltweite Katastrophe! Wozu kauft man sich die Zeitung?

Der Sprecher

Im Namen der Standesehre protestieren wir gegen alles, was uns materiell schädigt.

In der Redaktion

In einer Meldung heißt es, daß ein Mittel gegen die Beulenpest gefunden worden sei. Wissen Sie, ob unsere Partei für oder gegen die Pest ist?

Diplomatie

Gott sei Dank, der Vertrag ist abgeschlossen; jetzt müssen wir uns nur ausdenken, wie wir ihn brechen.

Das Völkerrecht

Was legal nicht geht, läßt sich aus Prestigegründen machen.

Der Führer

Dank der eifrigen Propaganda hat Gott entschieden, daß ich mein Volk führe.

Der Diplomat

Völkerrecht? Das ist immer das, wogegen die anderen verstoßen.

Das Bestattungsinstitut

Unser Volk befindet sich im Niedergang. Wir haben keine großen Männer ... Lange schon hat es kein Prunkbegräbnis gegeben!

Der Patriot

Der und fürs Vaterland kämpfen? Der besitzt doch nichts!

Der Gangster

Die Hauptregel: Derjenige sein, der zuerst schießt.

Der Herrscher

Ich habe ein leuchtendes Beispiel der Vaterlandsliebe gegeben: Ich habe dreihunderttausend Menschen fürs Vaterland fallen lassen.

1937

XII

Die Blattwanze

Wenn ich auch stinke, Hauptsache, ich bin zu riechen.

Der Knüppel

Wenn ihr wüßtet, was ich für Wurzeln habe!

Der Misthaufen

Immer her damit! Bei mir paßt alles zueinander.

Die Pfütze

Ich bin auch ein Naturelement.

Die Brennessel

Mein Gott, diese Kartoffeln – so ein Unkraut.

Aas

Was ich will? – Ich will, daß alles riecht.

Der Knüppel

Ich habe recht!

Der Mistkäfer

Ich? Ich bin doch ein organisierter Geier.

Der Ziegenbock als Führer

Ich verkünde eine Löwenidee.

Der Schlamm

Daß ihr's wißt, ich bin der Weg.

Der Ameisenkrieg

... Ja, aber unsere Partei kämpft im Namen aller Ameisen.

Der Wurm

Es lebe der Krieg.

1935

XIII

Die Kröte

Die Vögel einsperren. Und dann singe ich!

Die Mücke

Ja, aber uns Mücken führt ein durchlauchtiger Adler.

Der umgestürzte Baum

Ich sammle nur meine Kraft. Dann richte ich mich wieder auf.

Der Baumstumpf

Daß ich mich nicht bewege? So stolpere ich wenigstens nicht.

Der Stein

Das Moos auf mir? Nun, wir wachsen, wir wachsen.

Der Prellstein

Wenn die Leute wenigstens nicht so rennen würden!

Das Buch

Ich beantworte nur die Fragen, die in mir sind.

Die Zaunlatte

Frühling ... Ich spüre, daß ich wachse.

Der Basalt

Rührt mich nicht an, ich bin glühende Lava.

Manuskript aus dem Jahre 1935

XIV

Die Schneelawine

Hurra! Wir Berge haben uns in Bewegung gesetzt!

Nekrolog einer Blattlaus

Sie war eine tapfere Blattlaus. Sie hat am stärksten von allen gestunken.

Der Schriftsteller

Jetzt ist Schluß mit den Kriegen. Soeben habe ich mich durch meine Unterschrift einem Protest gegen das Kriegführen angeschlossen.

Das internationale Abkommen

Wir Kaninchen haben ein Abkommen mit den Hühnern geschlossen, daß wir einander nicht mehr fressen werden. Mal sehen, was der Habicht dazu sagt.

Der Zyklon

Fünfzig Städte vernichtet! Welch herrlicher Erfolg!

Die Ziege

Ich sage, stünde man sich mit den Wölfen gut, herrschte Frieden auf der Welt.

Der Marder im Hühnerstall

Wo mich das Ei so frech provoziert hat!

Der Wolf

Das Lamm hegte üble Absichten. Es wollte sich vor mir verstecken.

Die Schafherde

Dann hat sich der Wolf wenigstens eher satt gefressen, wenn wir uns nicht wehren.

Die Maus

Sieh an, die Katze hat einen Spatz gefangen! Jetzt brauchen wir Mäuse uns nicht mehr zu fürchten.

Der Spatz

Wißt ihr, man muß viel schilpen, damit es Frühling wird.

ohne Datum

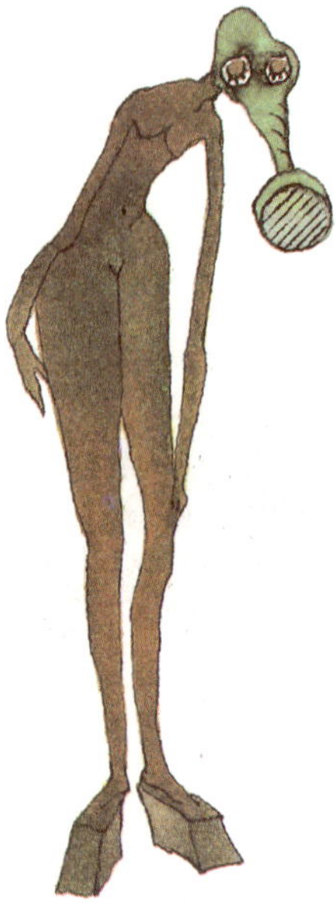

Fabeln aus künftigen Jahren

Ein Ingenieur behauptete, die Felsen in der Prager Umgebung seien zum Bau unterirdischer Bunker für die Prager Bevölkerung geeignet.

Im Zeitalter der unterirdischen Bunker

Wenn man bedenkt, daß die einstige Menschheit ihre Behausungen über der Erde baute! Welch primitive Zeiten waren das!

Die Baukommission

Ihre Höhle ist hygienisch mangelhaft. Es dringt Luft ein.

Die Wissenschaft

... damals wurde noch gelehrt, die Atmosphäre setze sich aus Sauerstoff, Wasserstoff, Stickstoff und Edelgasen zusammen.

Furchtbar! Diese Unwissenheit!

Das Kind

Mama, was sind „blaue Berge"?

Moral

Das Gesicht zu zeigen ist unzüchtig. Kein anständiges Mädchen darf sich ohne Gasmaske sehen lassen.

Die Mutter

Was hat Ihr Junge denn angestellt?

Dieser Tunichtgut wäre beinahe an die Erdoberfläche geklettert.

Der Leser

Worüber lachst du so?

Ach, ich lese gerade in einem alten Buch eine Naturbeschreibung.

Der Hauswirt

Wenn Sie nicht binnen einer Woche die Miete bezahlen, setze ich Sie aus dem Souterrain hinaus an die Sonne.

Luxus

Mensch, ist das ein Luxus! Die haben sich in ihrer Höhle künstliche Tropfsteine machen lassen!

Umzug

Mir hat der Doktor Luftveränderung verordnet. Nun suche ich eine Höhle irgendwo in der Permformation.

Neid

Der! Der hat durch Protektion eine Wohnung im Vinohrader Tunnel bekommen.

Das Denkmal

Wozu soll dieser Schacht sein?

Dort wird das unterirdische Denkmal unseres Führers feierlich verschüttet.

Die ideale Wohnung

Und Ratten gibt's hier nicht?

Ach wo! Hier würde es doch keine Ratte aushalten.

Unterschiede

Am besten wohnt es sich in Kalkstein. Granit ist ein bißchen kalt und dunkel.

Die junge Frau

Und unter der Erde bauen wir uns eine kleine Veranda, wo ich in Blumentöpfen Schimmel und Schwamm ziehe.

Die Nachbarinnen

Es ist furchtbar. Die Luft ist wieder teurer geworden.

Erinnerung

Nun ist es schon ein Jahr her, daß wir unseren Vater an der Erdoberfläche bestattet haben.

Die Höhlenmenschen

Guck mal, ich hab hier eine uralte Feuerstätte ausgegraben.

Was du nicht sagst! Sollten die Menschen früher schon mal auf einer so hohen Kulturstufe gewesen sein, daß sie in Höhlen wohnten?

Die Kanalisation

Daß diese dummen Menschen früher so enge Gänge gebaut haben!

Die Taucher

Frau, gib mir den Skaphander; ich will auftauchen.

Der Junge

Papa, was ist denn Frieden?

Weiß ich nicht. Frag mich nicht solch dummes Zeug.

Der Mythos

Einst habe man oben auf der Erde gelebt? Das ist ein Märchen. Wissenschaftlich ist das Unsinn.

Im Jahr 2200

Die größte Erfindung der letzten Zeit! Nichtrostende Feuersteingeräte.

Im Jahr 2500

... ist zurückgekehrt und behauptet, dort oben, auf der Erdoberfläche, könne man ganz gut atmen.

Angenommen, man kann es; aber was soll man dort, Mensch?

1934

Fabeln über den Bürgerkrieg

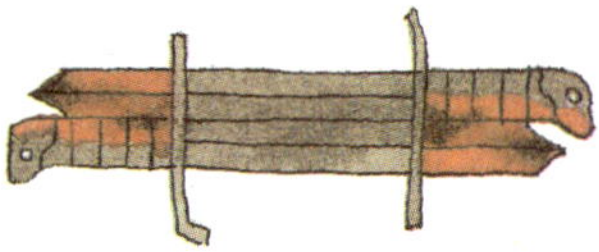

Bürgerkrieg

Hurra! Im Namen des Volkes rotten wir uns selber aus!

Der Triumph

Dreihunderttausend erschlagene politische Gegner? Mein Herr, das ist wahrlich ein schöner nationaler Erfolg!

Der nationale Erfolg

Unsere tapferen Fremdenlegionen haben die feigen Horden unserer einheimischen Feinde aufs Haupt geschlagen.

Ein Blatt aus der Geschichte

... für fremdes Geld und mit fremden Soldaten wurde die nationale Ehre verteidigt.

Autarkie

Vergießt euer Blut nicht im Kampf gegen Fremdlinge! Führt zu Hause Krieg.

Die neue Landkarte

Schreibt über die ganze Landkarte: Hier liegen die gemeinen Volksverräter.

Das Volk

Das Volk sind nur die, die unter unserem Kommando kämpfen.

Anerkennung

Soldaten, ihr habt alles, was ihr konntet, für die Größe unseres Volkes getan. Von ihm ist nur noch die Hälfte übrig.

Vor der Schlacht

Soldaten, schießt auf eure Brüder. Das Vaterland schaut auf euch.

Der Eroberer der Macht

Mögen es Ruinen sein, Hauptsache, sie gehören mir.

Situationsbericht

Unser Sieg ist noch nicht vollständig. Die Mehrzahl unserer Bürger ist bislang nicht umgebracht worden.

Meldung vom Schlachtfeld

Unsere Geschütze haben unsere Hauptstadt erfolgreich in Trümmer gelegt.

Eine Frage des Rechts

Legal ist die Regierung, die die Artillerieüberlegenheit hat.

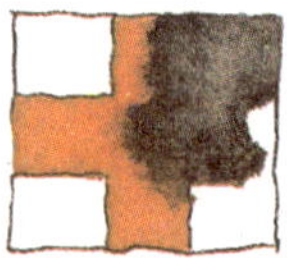

Ein guter Treffer

... gelang es, ein Krankenhaus in Brand zu setzen.

Ordre du jour

Schlagt nur! Ins eigene Fleisch trifft man immer.

Militärischer Leitsatz

Den Feind schlagen heißt ihn zwingen, tot zu sein.

Aufforderung an die Belagerten

Euer Kampf ist vergeblich. Ich rufe euch auf, laßt euch lieber von uns hinrichten.

Die gewonnene Schlacht

Unsere Truppen haben einen glänzenden Sieg über dreihundert Hingerichtete errungen.

Der General

Gott sei Dank, hier stört uns wenigstens kein Völkerrecht.

Der Befehlshaber

Gesetze der Menschlichkeit? Das ist ein Eingriff in unsere inneren Angelegenheiten!

Der Satan

So was nenne ich Krieg!

Der Tod

Ich bin ganz zufrieden. Hier werden wenigstens keine Gefangenen gemacht.

La muerte

Ich arbeite auch für das Volk.

Der letzte Schuß

Durch einen gezielten Schuß sank das ganze Weltall auf die Köpfe unserer einheimischen Feinde.

1936

Diese Zeiten

Der Fortschritt der Zivilisation

Es wird wirksamer geschossen, aber jetzt nennt man das wenigstens nicht mehr Krieg.

Kein Krieg

Der Beweis, daß wir wirklich keinen Krieg wollen: Wir kämpfen ohne Kriegserklärung.

Internationale Verträge

... ja, gewiß; aber mit wem wir Krieg führen, ist unsere *innere* Angelegenheit.

Meldung

Wir haben neue Divisionen mit Panzern und Flugzeugen in den Angriff geworfen. Der Feind flüchtet unter schweren Verlusten. Der Frieden dauert an.

Der Frieden

Krieg wollen wir nicht. Gegen Schwächere genügt eine Strafexpedition.

Note

Zum Beweis unserer Friedensliebe erklären wir unser Einverständnis, daß der Feind sich uns auf Gnade und Ungnade ergibt.

Protest

Wir erheben vor der zivilisierten Welt Klage, daß unser barbarischer Feind, anstatt unsere Bedingungen anzunehmen, weiterhin seine Frauen und Kinder von unseren Fliegern töten läßt.

Nachricht

Unsere Luftwaffe bombardierte die feindlichen Streitkräfte mit durchschlagendem Erfolg. Getötet wurden: ein Soldat, siebzig Frauen und hundert Kinder.

Der Wolf und die Ziege

Einigen wir uns auf wirtschaftlicher Grundlage: Ich fresse nicht dein Gras, und du gibst mir dafür im guten dein Fleisch.

Beweis

Zum Beweis unserer Anstrengungen, eine Verständigung mit dem Nachbarstaat zu erreichen, haben wir mit dem Bombardement seiner offenen Städte begonnen.

Meldung

Heimtückisch versuchte der Feind, unsere Flugzeuge zu beschießen, die friedlich Bomben auf seine Stadt warfen.

Guter Wille

Wir sind bereit, unseren Konflikt einer internationalen Konferenz vorzulegen, allerdings unter der Bedingung, daß uns recht gegeben wird.

Prinzip

Solange der Klügere nachgibt, wird der Schlauere sich schlagen.

Zwei Tiger und der Dschungel

Wir haben uns im Interesse des Friedens getroffen. Wir sind übereingekommen, gemeinsam zu jagen.

Der Fuchs

Glaubt dem Hühnergegacker nicht. Wenn ich mich satt gefressen habe, herrscht im Hühnerstall immer Frieden.

Der Gangster

Mein Herr, wenn Sie sich wehren, wäre ich genötigt, dies als einen unfreundlichen Akt zu betrachten.

Der Wolf

Ich habe mich satt gefressen. Wieder einmal hat die höhere Moral gesiegt!

Der Räuber

Er griff mich an, während ich lediglich mein Interesse an seinem Portemonnaie verteidigte.

Das Gericht

Dreihundert Inhaftierte? Und was sollen sie gestehen?

Fünfundvierzig Hingerichtete

Sie hatten versucht, wie sie gestanden, die Sonnenbahn zu beschädigen.

Der Tod

Da sieht man, *solch* ein Frieden ist auch nicht schlecht!

1937

Bruchstücke

1

Warum starren Sie auf das Dach?

Ich hab so eine Angst, daß der Dachdecker herunterfällt, und der verflixte Kerl fällt und fällt nicht!

Aufrichtigkeit: Ich verleumde niemanden, ich sage nur, was ich denke.

Eine Heuschrecke ist keine ägyptische Plage; zur ägyptischen Plage werden Heuschrecken erst, wenn es viele sind. Ähnlich ist es mit den Dummköpfen.

Der Nationalist: Der Teufel hole das Volk; uns geht es nur um sein Prestige.

Der Volkswirt: Die heutigen Verhältnisse sind desolat, weil sie sich nicht nach meiner Theorie gerichtet haben.

Der Handwerksmeister: Ich arbeite, um zu leben: aber welch gründliche Arbeit ist das! Welch gründliches Leben!

Ich bin hundertprozentig überzeugt ...
Mein Herr, hätten Sie es nicht ein bißchen billiger?

Ein Gedanke des Kaiphas: Ich wüßte gern, von wem und wieviel der Nazarener dafür kassiert hat.

Solidarität: Mein Vetter ist ein Schurke; aber wenn das ein anderer von ihm sagt, beleidigt er die Ehre unserer Familie.

Der Kritiker: Kritisieren heißt den Autor überzeugen, daß er es nicht so macht, wie ich es machen würde, wenn ich es könnte.

Eines der größten Verhängnisse der Zivilisation: ein gelehrter Dummkopf.

Auch das Revolutionäre hat seine Pedanten.

Unsere Sprache ist weise: Sie macht einen grundsätzlichen Unterschied zwischen „Ich bin überzeugt" und „Ich habe mich überzeugt".

Lieber dem Büttel gehorchen als der Phrase.

Ein religiöser Grundsatz: Wer nicht für mich ist, ist gegen mich. Ein politischer Grundsatz: Wer nicht für mich ist, ist ein Lump.

In einer Debatte: Was schert mich die Wahrheit, wenn ich sie nicht habe?

Nur kleine Menschen ringen um Prestige; große haben es.

Das Maschinenzeitalter: Das Ziel wird durch Geschwindigkeit ersetzt.

Stellen Sie sich vor, wie still es wäre, wenn die Leute nur das sagen würden, was sie wissen!

Den Kampf hat die Natur geschaffen, den Haß hat der Mensch erfunden.

Ich werde mich nicht mehr ändern, sagte der Holzklotz.

1933

2

Nennt es nicht Haß. Nennt es Erkenntnis.

Verträge sind da, um vom Schwächeren eingehalten zu werden.

Dank den Anstrengungen der Staatsmänner wurde die internationale Unsicherheit gewahrt.

... im Interesse des Friedens wurde mit aller Schärfe gegen den Überfallenen eingeschritten.

Für die Sache des Friedens ist kein fremdes Opfer groß genug.

Es gibt große und kleine Mächte. Es gibt auch große und kleine Machtlosigkeit.

Einen Konflikt lokalisieren: das Opfer seinem Schicksal überlassen. Einen Konflikt liquidieren: es zu Fall bringen.

Es ist nicht so schlimm: Sie haben uns nicht verkauft, sie haben uns umsonst ausgeliefert.

Wir wissen wenigstens, was wir verloren haben.

Es gibt trotz allem Fortschritt auf der Welt: anstelle kriegerischer Gewalt – Gewalt ohne Krieg.

Mißerfolg: eine Gelegenheit verpassen. Erfolg: eine Gelegenheit abpassen.

Das Alte Testament hat recht: Manchmal fallen Festungsmauern durch bloßes Geschrei. Aber aufbauen läßt sich durch bloßes Geschrei nichts.

Es ist ein Elend, soviel Sympathie zu wecken!

Nein, unsere Herzen werden nicht verfetten.

Wenigstens eines möge uns erspart bleiben: von uns selbst enttäuscht zu werden.

Auch am Scheiterhaufen wärmt irgend jemand seine Suppe.

Nur der glaubt wirklich, der für die Zukunft arbeitet.

Den Staat wiederaufbauen ... dafür lohnt es noch zu leben.

Mögen wir unglücklich sein, nur nicht klein!

Wie man sieht, gibt es Leute, die schon freiwillig mehr als das Land ausliefern wollen.

Neue Menschen sind nur diejenigen, die neuen Aufgaben gewachsen sind.

1938

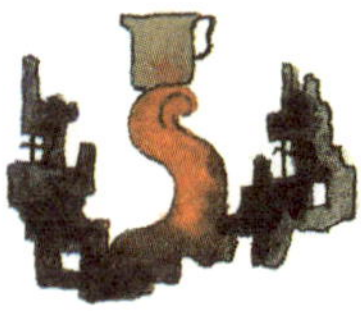

Kleingeschichten

Der Wüstling

„Meine Güte, was wißt ihr Verheirateten denn schon vom Leben?" sagte Herr Smítek. „Ihr sitzt zu Hause in Pantoffeln, trinkt euern halben Liter Bier, und um zehn Uhr: gute Nacht, ihr zieht das Federbett bis ans Kinn und schnarcht. Das nennt ihr Leben."

„Sie haben gut reden, Herr Smítek", wandte Herr Rous ein, „Sie können von Ihrem Gehalt wie ein Fürst leben. Aber wenn Sie eine Frau und ein paar Bälger ernähren müßten ..."

„Wo denken Sie hin", brummte Herr Smítek angewidert, „von meinem Gehalt! Wie sollte ich von meinem Gehalt leben können? Das reicht nicht mal für Trinkgelder. Es gibt Lokale, wo Sie dem Pikkolo nicht weniger als fünfzig Kronen geben müssen. Und der Kapelle? Mein Lieber, Sie legen einen Tausender auf den Teller, und niemand verzieht auch nur eine Miene."

„Was Sie nicht sagen, Herr Smítek", meinte Herr Kroll, „tausend Kronen für die Musiker, so was habe ich noch nicht gehört; dann sind Sie aber schön dumm, wenn Sie denen für ihr bißchen Gefiedel soviel bezahlen."

„Hören Sie", versetzte Herr Smítek, „das verstehen

Sie nicht. So ein Musiker tut nur, als schaue er in die Noten, dabei beobachtet er, mit wem Sie sitzen, was Sie tun, worüber gesprochen wird, wieviel dabei herauszuholen ist und so weiter. Macht er so mit dem Daumen, bedeutet das: Zahle, dann werde ich schweigen. So ist das, mein Bester."

„Das sind Halunken", sagte Herr Kroll staunend.

„Und ob. Sehen Sie, Herr Rous, heute könnten Sie keine einzige Krone aus mir herausschütteln; und heute abend soll ich auf Ehrenwort zwölftausend bezahlen. Aber ihr Verheirateten denkt, ihr hättet wunder was für Sorgen, wenn ihr dem Krämer hundertzwanzig Kronen schuldet."

„Zwölftausend?" meinte Herr Rous. „Menschenskind, in Ihrer Haut möchte ich nicht stecken."

„Ach was." Herr Smítek gähnte genießerisch. „Man erlebt wenigstens etwas. Mein Lieber, letzte Nacht zum Beispiel ... Ich kann Ihnen sagen! Herrschaften, ist das ein Leben ..."

„Aber Schulden", versetzte Herr Kroll streng, „Schulden sollten Sie nicht machen; wenn Sie Wucherern in die Hände fallen, sind Sie erledigt. Das ist sicher."

„Schulden", sagte Herr Smítek sorglos, „sind nicht schlimm; Hauptsache, man hat Beziehungen. Neulich sagte ein Bankier aus Amsterdam zu mir ... da waren fabelhafte Weiber! Herrgott, die eine Mulattin, Leute, ihr habt keine Ahnung ... Tja, also da sagte der Bankier zu mir: Kaufen Sie mexikanische Wertpapiere; binnen einer Woche verdienen Sie an einem achtzig Dollar. Wissen Sie, man muß Beziehungen haben; und zu Hause im Bett knüpft man die nicht."

„Haben Sie welche gekauft?" erkundigte sich Herr Rous voller Interesse.

„Das Geld habe ich längst ausgegeben", antwortete

Herr Smítek ausweichend. „Habe ich mich bisher durchgeschlagen, schlage ich mich auch weiter durch. Wissen Sie, ich habe gern Aufregungen. So eine Nacht kostet zwar ein paar tausend Kronen, na schön, dafür lerne ich etwas vom Leben kennen."

„Danach sehen Sie auch aus", murmelte Herr Kroll. „Warten Sie, wie Sie in ein paar Jahren die Nieren oder die Leber spüren werden."

„Was tut's", sagte Herr Smítek mit sündhaftem Leichtsinn. „Hauptsache, ich koste mein Leben aus."

Am selben Abend kaufte sich Herr Smítek ein Stück Pastete und hundert Gramm Edamer, ging nach Hause und kochte sich Tee. Das Stück Pastete und die Käserinden bekam seine Katze Lízinka; dann fuhr sich die Katze mit der Pfote über das Gesicht und wollte hinaus.

„Du Luder, du leichtsinniges Biest", schalt sie Herr Smítek, „willst du schon wieder herumstreunen? Sitz nur schön zu Hause; was fehlt dir hier? Du bist doch alt genug, um vernünftig zu sein, du Herumtreiberin", sagte Herr Smítek zärtlich und nahm Lízinka auf den Schoß; dann setzte er die Kopfhörer auf, stellte den Kristall ein und lauschte, was es heute im Radio gab. Jemand rezitierte Gedichte; Herr Smítek versuchte, dazu mit dem Fuß den Takt zu schlagen, und als ihm das nicht recht gelang, begann er sich zu langweilen und zog Lízinka am Schwanz. Lízinka drehte sich um und schlug ihm auf die Hand; sicherheitshalber sprang sie von seinem Schoß und guckte mit funkelnden Augen unterm Bett hervor.

Die Gedichte und Lízinkas schlechte Laune verstimmten Herrn Smítek; er las noch ein bißchen in der Zeitung, in der er den Käse nach Hause gebracht hatte, und gegen zehn lag er schon im Bett; halb elf sprang

Lízinka aufs Bett und machte es sich auf seinen Beinen bequem, aber da schlief Herr Smítek bereits.

„Ah ahahah“, gähnte Herr Smítek am nächsten Tag, „verdammtes Leben! Leute, war das wieder eine Nacht! Seht mal diesen Kratzer hier“, sagte er und zeigte seine Hand, „ich sage euch, das Mädchen – eine Russin, Lízinka hieß sie –, die war wie eine Wildkatze; wie wild war die ... Ihr Pantoffelhelden, was wißt ihr schon, wie das Leben ist? Ach, wenn einem auch Zuchthaus oder Tod drohen, Hauptsache, man lernt das Leben kennen! Aber ihr ... Laßt mich bloß in Ruhe mit eurer spießbürgerlichen Moral!“

1928

Die letzten Dinge eines Menschen

Die Straßenbahn klirrte und rasselte bergan zum Friedhof Olšany.

„Sieh mal", sagte ein kleingewachsener Mann zu einem Burschen im Kaninchenpelz, „hier wird wieder etwas gebaut; das wird eine Schule oder ein Kino. Weißt du, ich bin sehr froh, daß ich ihn noch einmal gesehen habe. ‚Ach, du bist's', sagte er. Ganz gleich, ob es ihm geholfen hat, aber Freundschaft muß man beweisen. ‚Ich komme mal wieder her', sagte ich zu ihm. ‚Aber dann läufst du schon wieder herum', sagte ich; und jetzt ..."

Der Bursche im Kaninchenpelz nickte traurig.

„Ich hatte mir die Medaille angesteckt, damit er sich freut", fuhr der Mann fort, „und er sagte: ‚Grüß Gott, bist du's?' Siehst du, er erkannte mich. Und ich sagte: ‚Das wird schon wieder werden, Josef.' Darauf sagte er: ‚Manja, gib mit etwas von dem Hühnerklein.' Sie gab ihm etwas, aber er nahm nur zwei Bissen, kostete, ohne etwas zu essen. ‚Manja, gib mir etwas von dem Hühnerklein'", wiederholte der Mann gerührt.

Der Bursche im Kaninchenpelz schniefte ein wenig.

„Na ja", tröstete ihn der Mann, „schließlich war's

dein Bruder. Sie sagte, er nehme nichts mehr wahr, aber er guckte mich an und sagte: ‚Toník, bist du's?' Warte nur", meinte der Mann und rieb sich freudig die Hände, „wieviel Kränze der Arme bekommen wird! Ich habe gefragt, was ein Kranz mit Schleife kostet, und man hat mir gesagt, fünfundachtzig Kronen. Da habe ich gesagt, ohne Schleife. Ich werde eine Visitenkarte dazulegen, ich habe ‚Ruhe sanft. Dein Toník' darauf geschrieben. Das ist doch dasselbe, nicht wahr? Freundschaft muß man beweisen; aber daß ich zwanzig Kronen für eine Schleife bezahle, nein, das gibt's nicht; die wird auf dem Friedhof sowieso gestohlen."

„Mir hat man gesagt", erwiderte der Bursche im Pelz mit schwacher Stimme, „ein Kranz mit Schleife kostet neunzig Kronen; und ich habe gesagt, soll er kosten, was er will, von mir aus hundert Kronen, Hauptsache, es ist ein anständiger Kranz."

„Der ist ja auch für deinen Bruder", sagte der Mann. „Wirklich ein schöner Kranz. ‚Letzter Gruß von Jenda und Liduška' – in Goldschrift, wirklich schön. ‚Letzter Gruß von Jenda und Liduška'", wiederholte er, die Schönheit ordentlich auskostend. „Wir sind noch nicht da, noch zwei Stationen. Wir haben gutes Wetter zum Begräbnis, nicht wahr? Er wird es schön haben."

Der Bursche nickte schwach.

„Aber ihr überlaß nichts", riet ihm der Mann. „Was soll das Aas damit? Sie ist sowieso nicht mehr lange da. Laß dir seinen Tisch geben und die Kleidung. Sag auch, du willst die Uhr haben. Ich würde dem Luder nichts lassen. Weißt du, den Schrank muß sie dir auch geben; sag, daß er von euern Eltern stammt."

„Sind wir noch nicht da?" fragte der Bursche sehnsüchtig.

„Noch eine Station", sagte der Mann, „und dann ein

Stück zu Fuß zur Kapelle. Ich denke, Franta und die anderen Kameraden kommen auch, ach ja, das wird schön. Da er sich mit ihr nicht hat trauen lassen, hat sie auf nichts ein Recht. Du wärst ja verrückt, wenn du ihr etwas überläßt. Dem Doktor bezahl auch nichts, vielleicht vergißt er es. Wenn du den Schrank nicht brauchst, verkauf ihn. Der Kranz ist wirklich schön. Die Schleife nimm hinterher mit nach Hause, es wäre schade drum, sie dort zu lassen; du kannst sie um den Spiegel hängen, weißt du? Und wenn euer Ladislav stirbt, kommt sie euch wieder zustatten. Bloß gut, daß ich ihn noch einmal gesehen habe; der Arme, er hat sich so gefreut."

Die Straßenbahn verlangsamte ihre Fahrt vor dem Friedhofstor.

„Warte! Warte, bis sie steht", der Mann hielt den Jüngling zurück. „Sonst fällst du noch hin, und du hast heute so einen feinen Anzug an. Dann wäre dir das ganze Begräbnis verdorben."

Besorgt den Burschen im Kaninchenpelz stützend, schritt der trauernde Mann auf das Friedhofstor zu.

1928

Hamlet, Prinz von Dänemark

Bericht eines Parlamentsreporters

Gestern kam Shakespeares Stück „Hamlet" auf die Tagesordnung und fand ungewöhnliches Interesse, so daß die Bänke dicht besetzt waren. Als Hauptredner der Tragödie meldete sich natürlich Prinz Hamlet mit seiner bekannten Redseligkeit. Das ganze Interesse konzentrierte sich jedoch darauf, daß Polonius, der bedeutende dänische Staatsmann und mitreißende Redner, in die Debatte eingreifen werde. Tatsächlich gewann das gestrige Schauspiel dank seinen Reden eine außerordentliche Bedeutung und wurde mit nie dagewesener Aufmerksamkeit angehört. Es folgt eine kurze Inhaltsangabe des Stücks.

Nach den Eröffnungsformalitäten mit dem Geist sprach als erster Redner der dänische König; ihm folgte Hamlet mit seinem bekannten unsachlichen Gerede, danach trat Polonius auf und hielt in tiefer Stille eine durch Scharfsinn und Weitblick faszinierende Rede. Wir zitieren aus seinen Ausführungen.

„Noch hier, Laertes? Los! An Bord, an Bord!
Der Wind sitzt in den Segeln, aber nein,
Du trödelst noch. Wohlan, mein Segen dir.

Und diese Regeln nimm auf deinen Weg:
Sag niemals, was du denkst, noch tue, was
Du nicht zuvor aufs gründlichste bedacht!
Auch laß dir nicht von jedem hergelaufnen
Scharwenzel brav die Hände schütteln. Sei auf
Der Hut vor Streit, doch steckst du einmal drin,
So handle, daß vor dir der Feind sich hüte.
Die Kleidung wähle, wie's dein Beutel kann,
Jedoch mit Maß: gepflegt, nicht überspannt.
Auf Borg darfst du nichts geben oder nehmen.
Leb wohl denn und gedeih mit meinem Segen."

Darauf hielt er, an Ophelia gewandt, eine glänzende Rede, aus der wir zitieren.

„Was ist's, Ophelia, das er dir gesagt?
Fürwahr! Es kommt gerade recht!
Man sagt, daß Hamlet sich seit kurzem oft
Vertraulich mit dir traf.
Du dummes Ding willst den Gefühlen glauben?
So höre denn:
Ich will nicht, daß von Stund an irgendwer
Behauptet, du verbrächtest deine Muße
Vor allem mit Prinz Hamlet im Gespräch.
So lautet mein Befehl. Nun geh!"

Mit unbeholfenem und wirrem Geplapper versuchte Prinz Hamlet im weiteren Verlauf der Handlung, den gewaltigen Eindruck abzuschwächen, den Polonius' Rede hinterlassen hatte; doch das gelang weder ihm noch seinen Gefährten, und auch der auf äußerlichen Effekt berechnete Auftritt des Geistes seines Vaters wird unsere bewußte Öffentlichkeit gewiß nicht beirren. Nach dieser geschmacklosen Szene ergriff wiederum Polonius das Wort. Im Gespräch mit Reinhold gab er beachtenswerte Anregungen für die bürgerliche Erziehung junger Männer.

„Nun, Reinhold,
Hier hast du Geld und einen Brief für ihn.
Mein guter Reinhold, du tust klug daran,
Bevor du zu ihm gehst, herumzuhören,
Wie sein Betragen ist. Du weißt,
Ich mein' die wilden, ausgelaßnen Streiche,
Die hergebrachtermaßen die Gefährten
Der Jugend und der Freiheit sind:
Das Spielen, Trinken, Fluchen, Zanken, Raufen.
Und Huren – das natürlich auch.
So höre denn, mein Plan ist der:
Auch du sollst derlei treiben!
Und ihn laß ungezügelt."

An Ophelia gewandt, fuhr er fort:

„Wie nun, Ophelia, was gibt's?
Warum, mein Gott, bist du so sehr erschrocken?
Prinz Hamlet ist vor Liebe toll.
Was hat er denn gesagt?
Komm mit, mein Kind, ich will den König suchen.
Das ist nicht Liebe, das ist Schwärmerei.
Gehn wir zum König, komm."

In die darauf folgende Unterhaltung zwischen dem König und der Königin schaltete sich Polonius mit der scharfsinnigen Bemerkung ein:

„Mein König, die Gesandten sind von Norweg
Froh wieder heimgekehrt."

Dann kam der Höhepunkt des Abends: Mit festem Zugriff entlarvte Polonius das absonderliche Gebaren des Prinzen Hamlet. Mannhaft, rücksichtslos, seiner Verantwortung eingedenk, verkündete er in der gespannten Stille:

„Ich faß mich kurz. Der edle Prinz ist toll!!
Toll nenn' ich's: denn worin besteht die Tollheit,
Als daß man gar nichts andres ist als toll?
Toll ist er wahrlich, wahrlich schade ist's,
Wie schade, daß er's wahrlich ist.
Ein Teufelskreis! Doch ich will schlichter reden.
Er ist verrückt. Nun bleibt herauszufinden,
Worin der Grund von dem Geschick besteht
Nein, richtiger, der Grund des Mißgeschicks.
Denn keine Sache kommt von ungefähr.
Erwäget!
Hm, ich habe eine Tochter,
Die mir aus schuldigem Gehorsam, seht,
Dies hier gegeben: schließt und ratet nun."

Er las dem atemlos lauschenden Königspaar einen höchst kompromittierenden Brief des Prinzen Hamlet vor und fuhr fort:

„Was dächtet Ihr? Nein, ich ging rundheraus,
Und sagte meinem jungen Fräulein klar:
‚Prinz Hamlet ist ein Fürst, zu hoch für dich;
Dies darf nicht sein!' Und dann befahl ich ihr,
Daß sie vor seinem Umgang sich verschlösse,
Nicht Boten zuließ, Pfänder nicht empfinge.
Drauf machte sie sich meinen Rat zunutz,
Und er, verstoßen (um es kurz zu machen),
Verfiel der Trauer, dann der Schwärmerei,

Und jetzt hat die Verrücktheit ihn gepackt.
Habt Ihr es je erlebt, das möcht' ich wissen,
Wenn ich Euch sagte: ‚So ist es' –
Daß es mitnichten so gewesen sei?"

In der allgemeinen Aufregung kam es zu einer heftigen Kontroverse zwischen Hamlet und Polonius. Beherzt zermalmte Polonius seinen stammelnden Widersacher mit den schneidenden Worten:

„Wie geht es meinem lieben Prinzen Hamlet?
Kennt Ihr mich, Prinz?
Das nicht, mein Prinz.
Ganz ehrlich, Prinz?
Sehr wahr, mein Prinz.
Ja, mein Prinz.
Was leset Ihr, mein Prinz?
Doch wovon handelt es, mein Prinz?
Aufs ehrerbietigste empfehl ich mich,
Lebt wohl, mein Prinz.
Ihr sucht den Prinzen Hamlet; dort ist er."

Hamlet, dem diese wuchtigen, treffenden Worte die verdiente Abfuhr erteilt hatten, schwatzte verlegen etwas daher, doch hörte ihm niemand zu. In seiner bekannten unsachlichen Art kam er vom Hundertsten ins Tausendste und wollte die Rede auf irgendwelche Schauspieler bringen, doch Polonius, der gerade zur rechten Zeit hinter den Kulissen hervortrat, fertigte ihn mit wenigen Worten ab:

„Ich will Euch Neuigkeiten melden, Prinz.
Mein Prinz, zu uns sind Schauspieler gekommen!
Bei meiner Ehre!
Das ist zu lang.

Mein Prinz, ich will sie nach Verdienst behandeln.
Kommt, ihr Herren!"

Kein Wunder, daß Herr Hamlet nach diesen sachlichen Worten lediglich ein Selbstgespräch zu führen wagte, offenbar fürchtete er seinen dermaßen schlagfertigen Widersacher.

Nach der Pause, die Aktivitäten hinter den Kulissen gewidmet war, griff Polonius mit einigen bedeutsamen Ratschlägen in das Geschehen ein:

„Geht hier umher, Ophelia.– Gnädigster,
Laßt Platz uns nehmen.– Lest in diesem Buch."

Es folgte eine vertrauliche Unterhaltung zwischen Prinz Hamlet und Ophelia. Danach sagte Polonius sehr treffend:

„Nun, Ophelia?
Du brauchst uns nicht zu melden, was der Prinz
Gesagt; wir hörten alles!"

Dann versuchte sich Prinz Hamlet mit einer – allerdings höchst deplacierten – Theaterproduktion. Im Verlauf dieser peinlichen Episode fragte Polonius ganz zu Recht:

„Oho, hört Ihr das wohl?"

Im Zusammenhang mit diesem unseligen Vorhaben des Hamlet kam es zu einem stürmischen Konflikt zwischen diesem und Polonius. Wie Hiebe trafen den Prinzen die Worte des Polonius:

„Die Königin wünscht euch zu sprechen, Prinz,
Und das sogleich.

Zum Teufel, sie sieht wirklich aus wie ein
Kamel.
Sie hat den Rücken eines Wiesels.
Ganz wie ein Walfisch.
Das will ich ihr sagen."

Nach dieser moralischen Tracht Prügel konnte sich Hamlet nicht anders erleichtern als durch ein Selbstgespräch, wie es nun mal seine unrühmliche und wenig Tapferkeit verratende Gewohnheit ist.

Aus dem weiteren Verlauf des Schauspiels muß eine wertvolle und bedachtsame Anregung des Polonius erwähnt werden.

„Mein Fürst, er geht in seiner Mutter Zimmer.
Ich will mich hinter die Tapete stelln.
Den Hergang anzuhörn. Lebt wohl, Durchlaucht!
Eh' Ihr zu Bett geht, sprech' ich vor bei Euch
Und meld' Euch, was ich weiß."

Zur Königin sagte er treffend:

„Er kommt sogleich. Ich will hier still mich bergen,
Ich bitt' Euch, schont ihn nicht."

Als Polonius im weiteren Verlauf von Hamlet heimtückisch erstochen wurde, versetzte er, wie gewohnt schlagfertig und freimütig:

„O ich bin umgebracht!"

Mit Polonius' Tod müßte das Stück enden; was folgt, ist ohnehin nur leeres Gerede und hat nicht Hand und

Fuß. Insbesondere Prinz Hamlet belästigte das Publikum mit seinen deplacierten und allzu intimen Selbstgesprächen, ob er denn nun sein oder nicht sein solle. Gut die Hälfte des Stücks könnte getrost entfallen. Ohne die glanzvollen Auftritte des Polonius wäre es ein verlorener Abend gewesen.

Wir haben die Handlung des „Hamlet" so ausführlich wie möglich geschildert, damit sich der bewußte Leser selbst ein Bild von dem ganzen Stück machen kann. Das Publikum zeigte, nachdem es die imposanten Reden des Polonius mit größter Aufmerksamkeit angehört hatte, unverhohlenes Desinteresse am Ende des Schauspiels. Nur ein verschwindend kleines Häuflein von unkritischen Parteigängern spendete am Schluß dem Dreschen von leerem Stroh und den demagogischen Phrasen Hamlets Beifall. Die urteilsfähige Öffentlichkeit aber wird sich von solch billigem Erfolg natürlich nicht täuschen lassen.

1931

Der Erfinder

Ich sage Ihnen, mein Lieber: zum Erfinden braucht man eine bestimmte Methode. Auf einen glücklichen Zufall oder die Inspiration können Sie sich nicht verlassen; sonst bringen Sie es zu gar nichts. Zunächst müssen Sie genau wissen, was Sie eigentlich erfinden wollen. Meistens erfinden die Erfinder etwas, grübeln hinterher, wozu es dienen könnte, und geben dem Ding schließlich einen Namen. Ich habe diesen Vorgang umgekehrt, mein Lieber; was mich betrifft, ich erfinde als erstes den Namen, und erst dann konstruiere ich das entsprechende Ding; so bin ich auf eine ganz neue Quelle technischer Inspiration gestoßen. Von den Worten zu den Dingen: das ist meine Methode.

Moment, wie könnte ich Ihnen das veranschaulichen? Zum Beispiel haben die Menschen schon vor langer Zeit Schmieden, Druckereien, Warteräume, Schlafsäle, Räucherkammern und solchen Kram erfunden. Warteräume haben wir, aber ein moderner Mensch hat keine Zeit zum Warten; seine Losung heißt: Geschwindigkeit, Eile, Tempo. Deshalb sage ich, warum sollte man für ihn nicht Eilsalons schaffen? Ein gut eingerichteter Eilsalon müßte freilich auch mit einer

ganzen Reihe von Eileilern und Schnellschnellern, Stoßstoßern, Automatikautomaten, Lärmfixen und Polterfixen ausgestattet sein; verschiedenerlei Quietscho- und Knarromaten, Störwunder und Stolperstraucheln habe ich schon zum Patent angemeldet: lauter neue Maschinen und Geräte, mein Lieber, an die bisher niemand gedacht hat. Das ist der ganze Witz: Es müssen neue Worte erfunden werden, damit man auf neue Dinge und neue Lösungen kommt.

Oder sehen Sie mal: Wir haben Fallschirme und sogar richtige Fallmaschinen; aber niemandem ist es bisher eingefallen, ein Fallabsolut zu bauen, ein Ding, das immer und unter allen Umständen fällt. Wieso sollten bei Ihnen nur Vasen, Nippfiguren und andere Haushaltsgegenstände fallen? Besorgen Sie sich ein Fallabsolut! Es fällt garantiert! Probieren Sie es aus, Sie werden zufrieden sein! Ich liefere Ihnen auch Stürzums und Hackabs in verschiedenen Ausführungen, ferner Bimmelings in allen Größen und in Luxusausführung. Ist Ihnen schon mal ein Kragenknopf fortgerollt? Kaufen Sie unseren Patentrollfort! Er rollt garantiert durch das ganze Zimmer.

Eltern, kauft euren Kindern Dreckies! Ihr erspart ihnen die Mühe, die Kleidung zu beschmutzen! Dreckies in einer Dreckorschachtel zu nur dreißig Kronen. In jede Küche gehört unser moderner Anbrenner. Haben Sie schon unseren Verfitzer und unseren Faltenzieher in Ihrem Kleiderschrank? Für Behörden und Büros empfehlen wir unseren automatischen Aufschieber. In keinem modernen Haushalt dürfen unser hochleistungsfähiger Entzweier und der zuverlässige, genau gehende Verschlafer fehlen! Damit gelingt es Ihnen, bei jeder Gelegenheit zu verschlafen!

Machen Sie manchmal Fehler? Gewiß tun Sie das,

denn jeder Mensch macht Fehler. Aber warum machen Sie sich die Arbeit des Fehlermachens? Unser patentgeschützter Fehlerverursacher macht für Sie die Fehler! Unser neuer Fehlerverursacher Modell FV 1303 schafft 699 Fehler an einem Tag! – Haben Sie eine Reise vor? Vergessen Sie nicht, unseren Irreführer in den Rucksack zu stecken! Billig, zuverlässig, praktisch. – Sie tun nichts? Dann schaffen Sie sich unseren Tunix an! Geräuscharmer Lauf, geringe Betriebskosten. In allen Staaten patentiert. – Schenken Sie Ihren Lieben zu Weihnachten das neue beliebte Spielzeug Langweildich. Eine fabelhafte Quelle der Langeweile! Richten Sie sich zu Hause ein eigenes Langweildichzimmer ein! – Haben Sie schon unseren Vermieser? Unersetzlich in Schulen, Behörden, Großbetrieben und auch zu Hause. – Die sensationellste Erfindung unseres Jahrhunderts: Das Stagnationsrad. Ein Rad, das sich nicht dreht! Eine Neuheit! Wir empfehlen es allen von der Krise betroffenen Fabriken! – Keine Verluste mehr! Ihre kleineren Verluste besorgt unser billiger Verspieler oder unser vernickelter Einbüßer. Betrieben mit größeren Verlusten empfehlen wir unseren mechanischen Verlustbringer oder den hochleistungsfähigen Verlustvollautomaten, der selbst größte Verluste zuverlässig erreicht. – Schaffen Sie sich unseren Universalverhinderer an! Er wird sie garantiert zu Hause und auf Reisen, bei der Arbeit und beim Vergnügen hindern. – Stottern Sie? Kaufen Sie unser Stottermittel in Pulver- und Pillenform. Sie werden mühelos stottern. Ärztlich empfohlen. Hunderttausende von Dankschreiben. – Sie sind nervös. Ihre Nerven sind erschöpft vom ständigen Lärm, der Geisel unseres Jahrhunderts. Bestellen Sie sich unseren neuen Stillschweig! Der Stillschweig ist ein Gerät, das keinen einzigen Laut von sich gibt.

Lauschen Sie unserem Stillschweig, und Ihre Nerven werden sich erholen. Der neueste Typ des Stillschweig in schönem Mahagonigehäuse und mit Netzanschluß für nur 1795 Kronen. Der letzte Schrei der Radiotechnik!

Ja, mein Lieber, so muß man das machen. Finden Sie irgendein neues Wort, dann ist es ziemlich einfach, die entsprechende Realität zu konstruieren. Das nenne ich wissenschaftlichen Fortschritt, mein Lieber. Nun, ich empfehle mich Ihnen, ich habe keine Zeit: Ich arbeite gerade an einem Universalverderber. Damit könnte man ein fabelhaftes Geschäft machen, nicht wahr?

1936

Das Wunder auf dem Sportplatz

Es geschah bei einem Freundschaftsspiel zwischen dem SC Bürgerschule Žižkov und der Quarta des Gymnasiums Prag XI. Trotz aufopferungsvollen Einsatzes der Verteidigung, wobei sich besonders Ferda Zápotocký hervortat, lag die Bürgerschule Žižkov gegen Ende der zweiten Halbzeit mit null zu zwei im Rückstand und ihr Kasten unter heftigem Beschuß. Gerade als der Quartaner Zdeněk Poppr, mit Spitznamen Kadja, wieder einen unhaltbaren Schuß auf das Tor abgefeuert hatte, geschah etwas Merkwürdiges: Der Ball blieb in der Luft stehen, begann sich mit unerhörter Geschwindigkeit zu drehen, flog nach einem Augenblick des Zögerns zurück und landete wie ein Bolid im Netz des gegnerischen Tores. Das war vier Minuten vor dem Ende der zweiten Halbzeit. Niemand hatte so recht gesehen, wie das passiert war, und so wurde weitergespielt; der bravouröse Zdeněk Poppr kam wieder in Ballbesitz, durchbrach die Verteidigung und schickte aus der Nähe einen Tiefschuß aufs Tor des SC Bürgerschule Žižkov. Dreißig Zuschauer, Anhänger des staatlichen Gymnasiums, brachen schon in Jubel aus; doch der Ball war nirgendwo; alle Spieler suchten ihn, schließlich entdeckte der Torwart der Quarta vom Gymnasium Prag XI den verschwundenen Ball bei sich im Tor. Mittlerweile war das Spiel abgepfiffen. Die Mannschaft der Quarta protestierte zwar gegen das regelwidrige Tor, doch es half nichts; das Spiel endete zwei zu zwei.

Von diesem Tag an eilte die Fußballmannschaft des SC Bürgerschule Žižkov von Sieg zu Sieg. Der Bürgerschule Libeň gab sie mit drei zu null das Nachsehen; die Quinta der Realschule von Holešovice kämpfte sie mit vier zu eins nieder; die Sexta des Kolíner Gymnasiums wurde auf eigenem Platz mit zwei zu eins geschlagen (Verhältnis der Verletzten: zwei zu zwei); und nachdem sie auch das Reform-Realgymnasium Prag XIX, den Nachwuchs des SC Slavie, die Bürgerschule Košíře und das deutsche Realgymnasium Prag II geschlagen hatte, sollte sie auf eine Auswahl des Hochschulsportklubs treffen. Das war ein in der Weltgeschichte beispielloser Erfolg.

Niemand aus der siegreichen Mannschaft hatte zur Kenntnis genommen, daß bei diesen triumphalen Spielen des SC Bürgerschule Žižkov als stiller Zuschauer der Schüler Bohumil Smutný aus der ersten Klasse der Bürgerschule Žižkov anwesend war. Niemand sprach mit ihm, denn er war ein artiger und frommer Junge. Niemand beachtete ihn in der Schule oder auf dem Felde der Ehre. Nur der bereits erwähnte Zdeněk Poppr (der die gegnerische Elf aus Eifersucht und Neid auf alle ihre Kampfplätze begleitete) nahm diesen treuen und bescheidenen Zuschauer wahr; und er sah, daß Bohumil Smutný in kritischen Augenblicken verschwand, um hinter der nächsten Barriere oder dem nächsten Strauch auf die Knie zu fallen und in inbrünstigem Gebet zu flüstern: „Lieber Gott, erbarme dich! Laß unsere Mannschaft ein Tor schießen!" Und im selben Augenblick stand der Ball mitten im Flug still und machte kehrt zum gegnerischen Tor; oder er verschwand plötzlich und wurde dann beim Gegner aus dem Netz geholt; oder er rollte langsam über das Spielfeld, während die gegnerischen Spieler stolperten und hinfielen, als seien ihre Beine von einer geheimnisvollen Kraft gefesselt. Zdeněk Poppr, genannt Kadja, erzählte das seinem älteren Bruder, stud. med. Záviš Poppr vom Hochschulsportklub.

Einen Tag vor dem historischen Spiel SC Bürgerschule Žižkov kontra Hochschulsportklub wartete vor der Bürgerschule Žižkov ein junger Mann auf den Schüler Bohumil Smutný. Er stellte sich ihm als Záviš Poppr, Medizinstudent und Sportler, vor und sagte: „Ich weiß, Herr Smutný, Sie sind ein großer Sportler; unser Zdeněk hat mir erzählt, daß Sie gern zu Fußballspielen gehen. Aber ich glaube, Sie kennen die Regeln nicht gut genug; mein Lieber, die müssen Sie beherrschen, wenn Sie etwas vom Spiel haben wollen! Zufällig habe ich gerade ein bißchen Zeit, und da habe ich mir gedacht, ich könnte Ihnen etwas über Fußball erzählen, damit Sie wissen, wie man nach den Regeln spielt."

An jenem Tag ging stud. med. Záviš Poppr drei Stunden lang mit Bohumil Smutný durch die Straßen von Žižkov und erklärte ihm, was Ecke, Strafraum, abseits, Hand, Angriff und Verteidigung, Zuspiel, fair play, regelwidriges Spiel, Strafstoß, Robinsonade, Holzerei, Zusammenspiel und so weiter bedeutet. Bohumil Smutný nickte nur und sagte: „Ja, danke. Danke, ich verstehe. Ja, danke, ich werde es mir merken." Auch am Schluß bedankte er sich ehrerbietig, denn er war

ein braver und artiger Junge und nicht so ein Strolch wie so mancher heutige junge Mann.

Am nächsten Tag fand das Spiel SC Bürgerschule Žižkov kontra Hochschulsportklub statt. In der zweiten Halbzeit führte der Hochschulsportklub bereits sechs zu null. Zwischen den Zuschauern saß Bohumil Smutný, er schwitzte vor Angst, hatte die Hände krampfhaft gefaltet und betete: „Lieber Gott, erbarme dich und tu etwas ... aber nach den Regeln ... damit unsere Mannschaft ein regelgemäßes Tor schießt ... tue ein Wunder, aber fair!"

Am Ende der zweiten Halbzeit führte der Hochschulsportklub elf zu null; und stud. med. Poppr flüsterte seinem Bruder zu: „Na siehst du: Sobald die Regeln gelten, lassen sich keine Wunder vollbringen."

1936

Ein juristischer Fall

Ich fahre mit achtzig Sachen auf die Kurve zu und denke, ich habe freie Fahrt, das war natürlich eine Dummheit; nur ein bißchen nehme ich das Gas weg und sause fröhlich in die Biegung hinein. Mit einmal sehe ich, da zieht eine Prozession über die Straße. Ein Trauerzug. Er biegt soeben über die Straße zum Friedhofstor ab. Ich trete auf die Bremse; meine Güte, wie ich da gerutscht bin! Ich erinnere mich nur: die vier Burschen, die den Sarg trugen, ließen ihn fallen, und schon waren sie im Straßengraben, krach! mein Wagen stößt mit dem hinteren Teil gegen den Sarg auf der Straße, und die Kiste fliegt über den Straßengraben aufs Feld.

Ich steige aus und sage mir, Herrgott, wenn ich auch den Pfarrer und die trauernden Hinterbliebenen erwischt habe, dann gibt das eine schöne Bescherung! Aber es war nichts passiert; auf der einen Straßenseite stand der Ministrant mit dem Kreuz und auf der anderen standen der Pfarrer und die Hinterbliebenen; sie sahen wie Wachsfiguren aus. Nun erst begann der Pfarrer vor Schreck zu schlottern und aufgeregt zu reden: „O Mann, o Mann, haben Sie denn nicht mal Ehrfurcht vor den Toten?" Dabei war ich froh, daß ich keinen Lebenden totgefahren hatte! Mittlerweile kamen die Leute zu sich; die einen fingen an, mich zu beschimpfen, die anderen liefen dem selig Entschlafenen in dem zertrümmerten Sarg zu Hilfe; das ist, denke ich, so ein Instinkt. Mit einmal kamen sie zurückgerannt und kreischten vor Entsetzen. Stellen Sie sich vor, aus dem Bretterhaufen rappelt sich ein lebendiger Mensch, tastet mit den Händen herum und will sich hinsetzen. „Was denn, was denn", sagt er und versucht unentwegt sich hinzusetzen.

Im Handumdrehen war ich bei ihm. „Na, Opa", sage ich, „beinahe hätte man Sie begraben!" Und ich helfe ihm aus den Brettern. Er blinzelt nur und stottert: „Was? Was? Was?" Aber aufstehen konnte er nicht; ich denke, er hatte sich durch den Aufprall den Knöchel oder etwas anderes gebrochen. Aber was soll ich Ihnen das lang und breit erzählen: Ich lud den Alten und den Pfarrer in den Wagen und fuhr sie zum Trauerhaus; hinter uns gingen die trauernden Hinterbliebenen und der Ministrant mit dem Kreuz. Und die Musikanten, versteht sich; aber sie spielten nicht, weil sie nicht wußten, wie es mit der Bezahlung werden würde. „Den Sarg bezahle ich", sagte ich, „und den Doktor auch; aber ansonsten können Sie sich bei mir bedanken, daß Sie nicht einen Lebenden begraben haben." Und dann fuhr ich weiter; um die Wahrheit zu sagen, ich war froh, daß ich es hinter mir hatte und daß nichts Schlimmeres passiert war.

Ja, aber nun fing es erst an. Zuerst schrieb mir der Dorfschulze einen höflichen Brief: Die Familie jenes Scheintoten, des Antonín Bartoš, Eisenbahner im Ruhestand, sei mittellos; sie habe dem Großvater für seine letzten Spargroschen ein würdiges Begräbnis ausrich-

ten wollen; und nun, da er infolge meiner unvorsichtigen Fahrweise von den Toten auferstanden sei, müsse sie ihn ein zweites Mal begraben, was sie sich bei ihrer Armut nicht erlauben könne. Daher solle ich ihnen das verdorbene Begräbnis einschließlich Pfarrer, Musik, Totengräber und Leichenschmaus bezahlen.

Dann kam vom Rechtsanwalt ein Schreiben im Namen jenes Großvaters: Bartoš Antonín, Eisenbahner im Ruhestand, verlange Entschädigung für das zerrissene Totenhemd; ferner ein paar hundert Kronen für die Behandlung des gebrochenen Knöchels; und fünftausend Kronen Schmerzensgeld für den Unfall, den er durch mein Verschulden erlitten hatte. Das war mir doch zu dumm.

Dann ein neuer Brief: Der Großvater habe eine Eisenbahnerpension bezogen; als er im Herrn entschlafen sei, habe man ihm natürlich die Pension gestrichen, und jetzt wollten die Behörden sie ihm nicht wieder zahlen, da sie vom Bezirksarzt eine Bescheinigung hatten, daß er gestorben sei. Der Großvater werde mich verklagen, damit ich ihm als Ersatz für die verlorengegangene Pension eine lebenslängliche Rente zahle.

Ein weiterer Mahnbrief: Seitdem ich ihn wiedererweckt hatte, kränkele der Großvater und man müsse ihm kräftigeres Essen kochen. Überhaupt hätte ich ihn zum Krüppel gemacht; seit seiner Auferstehung von den Toten sei er nicht mehr der alte und sei zu gar nichts zu gebrauchen. Er sage nur immer: „Ich hatte es schon hinter mir, und nun muß ich noch ein zweites Mal sterben! Das lasse ich ihm nicht durchgehen, dafür muß er zahlen, oder ich gehe bis vors Oberste Gericht. Einem armen Menschen so etwas anzutun! Darauf müßte die gleiche Strafe stehen wie auf Totschlag." Und so weiter.

Das schlimmste ist, ich hatte damals die Autoversicherung nicht bezahlt, und die Versicherung haftet nicht dafür. Nun, ich weiß nicht. Was meinen Sie, werde ich zahlen müssen?

1936

Der Teufel

In einer Reprise von Dvořáks Oper „Katinka und der Teufel“ sollte der dritte Akt beginnen. Im Zuschauerraum wurde das Licht abgeblendet, und das Geräusch des Publikums verstummte wie auf Knopfdruck. Der Kapellmeister im Orchestergraben klopfte und hob den Taktstock. Frau Malá in der ersten Reihe im Parterre legte die Bonbontüte beiseite, und Frau Grossmannová seufzte: „Dieses Vorspiel habe ich schrecklich gern.“ Herr Kolman in der siebenten Reihe schloß die Augen, bereit, „seinen Dvořák“, wie er sagte, so richtig zu genießen. Und aus dem Orchesterraum strömte das graziöse Vorspiel.

Da kräuselte sich auf der rechten Seite der Vorhang, und auf die Rampe huschte ein kleines Geschöpf; es stockte, als es vor sich den dunklen Abgrund des Zuschauerraumes erblickte, und sah sich bestürzt um, wohin es verschwinden könne. Doch in dem Augenblick packte der Polkarhythmus des Vorspiels es mit klingenden Krallen; das kleine Geschöpf schlug mit den Händen den Takt und begann zierlich mit den Füßen zu stampfen.

Es war nicht größer als ein achtjähriges Kind, doch

hatte es eine behaarte Brust und war von der Taille abwärts mit zottigem, rötlich schwarzem Fell bewachsen; es hatte ein Schnäuzchen wie eine Ziege und im lockigen Haar kleine Rosen; es stampfte mit den festen Hufen an den Ziegenbeinen. Leises Gelächter ging durch das Publikum. Das Geschöpf auf der Rampe erschrak und zögerte; es wollte zurückweichen, prallte aber auf den Vorhang; verängstigt blickte es sich um, doch da begannen seine Hufe von selbst zu steppen und im Takt der Musik zu wirbeln. Es war, als habe die kleine Person auf der Rampe erst jetzt das Trema überwunden; erfreut öffnete es das Schnäuzchen, beleckte es mit einer langen, schmalen rosafarbenen Zunge und gab sich ganz dem Tanz hin; es sprang, ging in die Hocke und trommelte in offensichtlicher Begeisterung mit den Hufen. Auch seine Hände begannen zu tanzen, flogen über den Kopf und schnippten fröhlich mit den Fingern; der schmale, steife Schwanz schwang hin und her, schlug den Takt wie ein Metronom. Es war keine große Tanzkunst; um die Wahrheit zu sagen, es war nur ein Gehopse, ein Springen und Steppen, doch drückte es ungeheure Freude am Leben und an der Bewegung aus; es war so natürlich und so anmutig, als springe ein Zicklein oder als tolle ein junger Hund herum.

Das Publikum lächelte wohlgefällig und raunte vor Freude. Der Kapellmeister wurde unruhig, als er hinter sich die Woge der Erregung spürte, und schwenkte den Taktstock energischer als sonst; streng schaute er zu den Schlaginstrumenten, was das denn heute für ein merkwürdiges Trommeln und Klopfen sei, doch er begegnete dem treuen und aufmerksamen Blick des Trommlers, der mit dem Schlegel in der Hand auf seinen Einsatz wartete. Das Orchester spielte fleißig und gewissenhaft; niemand wandte den Blick von seinen Noten, und niemand schaute auf die Rampe. Tam-ta-da ta-ta-tum. Herrgott, etwas ist heute nicht in Ordnung, dachte der Kapellmeister, und mit großen Gesten trieb er das Orchester zum Forte. Warum lachen die Leute hinter mir? Wahrscheinlich ist im Zuschauerraum etwas passiert. Und um die Aufmerksamkeit abzulenken, dirigierte der Kapellmeister das Vorspiel immer kräftiger, immer schneller.

Das kleine Geschöpf auf der Rampe hatte riesigen Spaß daran; es stampfte, wirbelte mit den Beinen, schüttelte sich, sprang in die Höhe, warf den Kopf und schwenkte den Schwanz immer schneller. Tamta-da tam-tam m-tata. Frau Malá hatte die Hände auf dem Bauch gefaltet und strahlte selig und gerührt. Sie hatte „Katinka und der Teufel" schon einmal gesehen, doch das war vierzehn Jahre her, das hier aber hatte man damals nicht geboten. Ich mag zwar keine modernen Aufführungen, dachte sie, aber das gefällt mir. Sie hätte sich gern Frau Grossmannová mitgeteilt, doch die schaute andächtig zur Rampe und nickte mit dem Kopf. Frau Grossmannová war nämlich eine große Musikliebhaberin.

Herr Kolman in der siebenten Reihe blickte finster drein. So etwas hatte es nie gegeben, das gehörte nicht hierher. Was diese Regisseure heutzutage mit Dvořák anstellen, da hört sich doch alles auf, protestierte Herr Kolman. Und so schnell ist dieses Vorspiel auch nie gespielt worden. Das ist eine Mißachtung Dvořáks, dachte Herr Kolman erzürnt. Ich werde an die Zeitung schreiben, beschloß er. „Hände weg von unserem Dvořák!" oder so ähnlich werde ich es nennen.

Und mit einmal die letzten Takte des Vorspiels. Der Kapellmeister atmete auf und fuhr sich mit dem Ta-

schentuch über die schwitzende Stirn. (Was war denn heute mit dem Publikum los?) Der Vorhang ruckte und begann sich zu heben. Die tanzende kleine Gestalt auf der Rampe erschrak, blickte umher und verschwand mit entsetztem Gemecker hinter dem Bühnenportal, noch bevor der Vorhang emporgezogen wurde. Frau Malá in der ersten Reihe im Parterre klatschte; doch Herr Kolman in der siebenten Reihe zischte scharf, so daß das Publikum innehielt und der zerstreute Applaus verlegen aufhörte. Ein nervöses Zucken mit den Schulterblättern brachte die offensichtliche Unzufriedenheit des Kapellmeisters zum Ausdruck. Vielleicht hätte ich nicht gleich klatschen sollen, dachte Frau Malá, und darum flüsterte sie Frau Grossmannová zu: „Das war nett, nicht wahr?" – „Reizend", seufzte Frau Grossmannová; und Frau Malá nahm sich erleichtert ein Bonbon aus der Tüte. Vielleicht hat niemand bemerkt, daß ich geklatscht habe.

Auch Herr Kolman beruhigte sich. Nichts störte mehr die würdige Opernaufführung. Ich werde der Theaterdirektion schreiben, daß sie solche Ungehörigkeiten unterbindet, sagte er sich, doch dann vergaß er es.

„Das war heute ein merkwürdiges Publikum", brummte der Kapellmeister, als alles vorüber war. „Ich wüßte gern, worüber es da gelacht hat."

„Na ja, heute ist Montag", meinte der erste Geiger. „Das Montagspublikum ist immer das schlimmste."

Und das war alles.

1936

Die Pastete

Was soll ich mir heute kaufen? überlegte Herr Michl besorgt: wieder irgend etwas Geräuchertes. Von Geräuchertem kriegt man Gicht. Wie wäre es mit Käse und Bananen? Allerdings hatte ich gestern erst Käse; einseitige Ernährung tut auch nicht gut. Und Käse liegt einem bis zum nächsten Morgen im Magen. Mein Gott, wie dumm, daß man essen muß.

„Der Herr hat schon gewählt?" fragte unvermittelt der Verkäufer hinter dem Ladentisch, während er rosafarbene Schinkenscheiben einwickelte. Herr Michl erschrak und schluckte. Stimmt, ich muß etwas verlangen. „Geben Sie mir ... eine Pastete", stieß er hervor, und ihm lief der Speichel im Mund zusammen. Eine Pastete, ja, das war das Richtige. „Eine Pastete", wiederholte er entschieden.

„Eine Pastete, aber bitte sehr", liebedienerte der Verkäufer. „Eine Prager, eine mit Trüffeln, eine Leberpastete, eine Gänseleberpastete, oder eine Straßburger ..."

„Eine Straßburger", entschied sich Herr Michl.

„Und Gurken?"

„Ah ... ja, Gurken", willigte Herr Michl ein. „Und

eine Semmel." Er blickte sich unternehmungslustig im Laden um, als suche er, was er noch verlangen könne.

„Und noch etwas, bitte?" fragte der Verkäufer erwartungsvoll. Herr Michl schüttelte leise den Kopf, als wollte er sagen: Nein, bedaure, aber Sie haben nichts mehr für mich, bemühen Sie sich nicht. „Nein", sagte er. „Was kostet das?"

Ein wenig erschrak er über den Preis, den ihm der Verkäufer für die rote Büchse nannte. Herrgott, diese Teuerung, überlegte er auf dem Heimweg; das ist wohl eine echte Straßburger Pastete. Mein Gott, so etwas habe ich noch nie gegessen; aber dieses Geld, das sie dafür haben wollen! Ach, was hilft's; irgendwann gelüstet es einen nach einer Pastete. Schließlich muß ich sie nicht auf einmal aufessen, tröstete sich Herr Michl. Ich lasse mir etwas für morgen; Pastete liegt sowieso schwer im Magen.

„Du wirst staunen, Eman", verkündete Herr Michl, als er zu Hause die Tür öffnete, „was ich heute zum Abendbrot mitbringe." Der Kater Eman wedelte mit dem Schwanz und miaute. „Aha", sagte Herr Michl. „Du möchtest auch Pastete haben, du Biest, was? Wo denkst du hin, das geht nicht. Pastete ist ein teures Fressen, mein Freund, so etwas habe ich selber noch nie gegessen. Straßburger Pastete, mein Bester, ist nur für Feinschmecker; aber damit du dich nicht beklagst, lasse ich dich mal schnuppern." Herr Michl stellte einen Teller bereit und öffnete mit einiger Mühe die Pastetendose; dann holte er seine Abendzeitung hervor und setzte sich mit ziemlich feierlichem Gefühl zum Abendessen. Der Kater Eman sprang, wie es seine Gewohnheit war, auf den Tisch, zog sorgsam den Schwanz unter sich und schlug voll lüsterner Ungeduld die Krallen seiner Vorderpfoten ins Tischtuch.

„Schnuppern lasse ich dich", wiederholte Herr Michl und nahm einen kleinen Happen Pastete auf die Gabel. „Damit du weißt, wie sie duftet. Da hast du." Eman zog den Schnurrbart herunter und schnupperte vorsichtig, mißtrauisch an der Pastete. Herr Michl wurde ärgerlich. „Was, gefällt's dir nicht? So eine teure Pastete, du Dusseltier?" Der Kater verzog seine Miene und schnupperte mit gerümpfter Nase an der Pastete.

Herr Michl war ein wenig beunruhigt und roch selber an der Pastete. „Aber die riecht doch gut, Eman! Schnupper nur! Ein herrlicher Duft, Mensch." Eman trat von einem Bein aufs andere und schlug die Krallen ins Tischtuch. „Willst du ein Stückchen?" fragte Herr Michl. Der Kater zuckte nervös mit dem Schwanz und deutete ein heiseres Miauen an.

„Na, was ist?" stieß Herr Michl hervor. „Willst du sagen, daß die Pastete nicht gut ist?" Er roch lange an der Pastete, spürte aber nichts dergleichen. Weiß der Teufel, vielleicht hat der Kater eine bessere Nase. Es kommt vor, daß in Pasteten, wie heißt das doch gleich, Botulin ist. Ein schreckliches Gift, mein Lieber. Es stinkt nicht und hat keinen üblen Geschmack, aber man vergiftet sich damit. Herr Michl spürte einen scheußlichen Druck in der Herzgegend. Gott sei Dank, daß ich die Pastete noch nicht gekostet habe. Vielleicht hat der Kater durch seinen Geruchssinn oder Instinkt gemerkt, daß in der Pastete etwas ist. Ich werde sie lieber nicht essen; aber wo sie so schrecklich viel Geld gekostet hat ...

„Sieh mal, Eman", sagte Herr Michl. „Ich lasse dich kosten. Es ist die feinste und teuerste Pastete, echte Straßburger, aber du sollst auch mal etwas Besseres fressen." Er holte den Napf des Katers aus der Ecke und legte ein Stück Pastete hinein. „Los, komm her, Eman!"

Eman sprang vom Tisch, daß es plumpste, und, mit dem Schwanz wedelnd, ging er langsam zu seinem Napf, kauerte sich hin und schnupperte bedächtig an der Pastete. Er frißt sie nicht, sagte sich Herr Michl entsetzt. Sie ist schlecht.

Der Kater Eman zuckte mit dem Schwanz und begann langsam und dezent, von der Pastete abzubeißen, als ekele er sich ein wenig davor. „Na siehst du", sagte Herr Michl aufatmend, „sie ist in Ordnung!"

Der Kater fraß die Pastete und säuberte sich mit der Pfote den Schnurrbart und den Kopf. Herr Michl schaute ihn forschend an. Na also, er hat keine Vergiftung, ihm fehlt nichts. „Na, du", sagte er gönnerhaft. „Du hast es dir schmecken lassen, was? Dir geht's gut, du Biest!" Dann setzte er sich beruhigt an den Tisch. Wo denkst du hin, Menschenskind, so eine teure Pastete kann nicht schlecht sein. Er roch daran und kniff genießerisch die Augen zu. Ein herrlicher Duft. Aber womöglich zeigt sich diese Vergiftung nicht gleich, fiel es ihm plötzlich ein. Nach einer Weile kann Eman Krämpfe bekommen.

Herr Michl schob den Teller weg und las im Lexikon unter B nach: Botulismus oder Allantiasis ... äußert sich nach vierundzwanzig bis sechsunddreißig Stunden (Verdammt!) ... mit folgenden Symptomen: Augenmuskellähmungen, Sehstörungen, Trockenheit im Hals, Rötung der Drüsen, auffälliges Aufhören der Speichelabsonderung (Herr Michl schluckte unwillkürlich Speichel hinunter), Heiserkeit, Harnverhaltung und Stuhlverstopfung, in schweren Fällen erfolgt der Tod unter Krämpfen und Lähmungen (Danke bestens!). Herrn Michl war der Appetit vergangen; er stellte die Pastete in den Schrank und kaute langsam die Semmel und die Gurken. Der arme Eman, sagte er sich; so ein dummes

Tier frißt eine verdorbene Pastete und krepiert wie ein Hund. Das Herz voller Mitleid, hob er den Kater hoch und setzte ihn sich auf den Schoß. Eman begann eifrig zu schnurren und kniff vor Wohlbehagen die Augen zu; und Herr Michl saß reglos und streichelte ihn, während er sorgenvoll und traurig auf die ungelesene Zeitung blickte.

In dieser Nacht nahm er Eman mit in sein Bett. Vielleicht lebt der Kater am Morgen nicht mehr, nun soll er es noch einmal gut haben. Und Herr Michl schlief die ganze Nacht nicht, setzte sich alleweil hin, um den Kater mit der Hand zu befühlen. Nein, ihm fehlt nichts. Und die Nase ist kalt. Der Kater Eman begann jedesmal ganz laut zu schnurren.

„Na siehst du", sagte Herr Michl am Morgen. „Die Pastete war gut, nicht wahr? Aber heute abend esse ich sie selber auf, daß du's weißt. Denk nicht, daß ich dich dein Leben lang mit Pastete füttern werde." Der Kater Eman öffnete das Mäulchen zu einem zärtlichen und heiseren Miauen. „Du", sagte Herr Michl scharf, „bist du heiser? Zeig die Augen!" Der Kater blickte ihn mit unbewegten goldenen Augen an. Das wird doch nicht eine Augenmuskellähmung sein! dachte Herr Michl erschrocken. Heiserkeit und Trockenheit im Hals – ein Glück, daß ich die Pastete nicht gekostet habe. Und sie duftete so herrlich!

Als Herr Michl abends nach Hause kam, maunzte der Kater Eman und rieb sich bei ihm lange am Bein. „Du", sagte Herr Michl, „fehlt dir was? Zeig deine Augen!" Eman schwenkte den Schwanz und zeigte die goldenen und schwarzen Augen. „Noch hast du nicht gewonnen", verkündete Herr Michl. „Manchmal dauert es sechsunddreißig Stunden, weißt du? Aber Verstopfung hast du nicht?" Der Kater Eman rieb sich wieder bei ihm am Bein und miaute lieblich und heiser. Herr Michl legte die Pastete und die Abendzeitung auf den Tisch. Eman sprang auf den Tisch und trat von einem Bein aufs andere, zerrte mit den Krallen am Tischtuch.

Herr Michl roch an der Pastete; sie riecht gut, aber weiß der Teufel, irgendwie anders als gestern. „Schnupper mal, Eman“, sagte er, „ist die Pastete gut?“ Der Kater näherte seine kurze Nase der Pastete und beroch sie mißtrauisch. Herr Michl erschrak. Vielleicht sollte ich die Pastete wegwerfen, sagte er sich. Der Kater spürt, daß mit ihr etwas ist. Nein, ich werde sie nicht essen. Das fehlte noch, daß ich mich vergifte! Ich werfe sie weg, und basta.

Herr Michl beugte sich aus dem Fenster, um eine Stelle auszuwählen, wo er die Konserve hinwerfen könnte. Dort auf den Nachbarhof, wo die Akazie steht. Schade um die Pastete, dachte Herr Michl, sie war so teuer ... Echte Straßburger. So etwas habe ich noch nie gegessen. Womöglich ist sie nicht verdorben, aber ... Ich werde sie nicht essen; aber wo ich soviel Geld dafür verschwendet habe ... Ich möchte so etwas gern mal probieren. Wenigstens einmal im Leben. Straßburger Pastete, mein Lieber, ist eine weltberühmte Delikatesse. Schade, mein Gott, wie schade, sagte sich Herr Michl voller Bedauern. Sie einfach wegwerfen.

Herr Michl drehte sich um. Der Kater Eman saß auf dem Tisch und schnurrte. Mein einziger Freund, dachte Herr Michl gerührt. Bei Gott, ich möchte ihn nicht verlieren. Aber die Pastete wegzuwerfen ist schade, sie hat sündhaft viel Geld gekostet. Echte Straßburger, Menschenskind: Es steht auf der Dose geschrieben, sieh mal.

Der Kater Eman maunzte zärtlich.

Herr Michl schnappte die rote Dose und stellte sie schweigend auf den Fußboden. Mach damit, was du willst, du Luder. Friß sie auf oder laß es bleiben; aber sie wegzuwerfen wäre schade. Ich selber habe so etwas noch nie gegessen. Aber ich, ich komme auch ohne solche Raritäten aus; gebt mir ein Stück Brot, und ich will nichts Besseres. Wieso muß ich so eine teure Pastete essen! Aber sie wegzuwerfen wäre eine Sünde. Sie kostet schrecklich viel Geld, mein Freund. So etwas wirft man nicht weg.

Der Kater Eman sprang vom Tisch und ging an der Pastete schnuppern. Er prüfte sie lange, und dann fraß er sie zögernd auf.

„Na siehst du", brummte Herr Michl. „Keinem Kater auf der ganzen Welt geht's so gut wie dir. Manch einer hat eben Glück im Leben. Ich, siehst du, ich habe nicht soviel Glück."

Und in dieser Nacht stand er fünfmal auf, um Eman zu befühlen. Der Kater schnurrte fast bis zum Ersticken.

Seit der Zeit fuhr Herr Michl seinen Kater manchmal böse an. „Kusch", sagte er vorwurfsvoll zu ihm, „du hast mir meine Pastete aufgefressen!"

1936

Organisieren wir uns

Herr Lederer schlenderte durch den Park und hing seinen Sorgen nach; und dort lernte er diesen Menschen kennen. Es war nichts Besonderes an ihm, höchstens, daß er Sperlinge fütterte; rings um ihn war ein ganzer Schwarm, ein Wunder, daß sie ihm nicht in die Taschen krochen. Herr Lederer schaute wohlgefällig zu. Sieh an, dachte er, es gibt doch noch gute Menschen auf der Welt. Und da blickte sich der Mann scheu um und ging eilig fort.

Nach einer Weile sah Herr Lederer ihn auf einer Bank sitzen; und weil er, von seinen Sorgen abgesehen, gerade mit nichts anderem beschäftigt war, setzte er sich neben ihn. Der Mann musterte ihn mißtrauisch und rückte ein wenig ab.

„Sie mögen Spatzen", ließ sich Herr Lederer nach einer Weile vernehmen.

„Nein", sagte der Mann mürrisch.

„Nein?"

„Nein. Und überhaupt", schrie der Mensch gereizt, „ich kann Vögel nicht leiden, daß Sie's wissen. So."

„Ich meinte nur, weil Sie sie gefüttert haben", versetzte Herr Lederer.

„Ich habe sie nicht gefüttert. Ich ... ich habe nur die Krümel aus meinen Taschen geholt. Verstehen Sie, ich füttere grundsätzlich keine Vögel. Sollen sie sich selber ernähren, die Luder! Was gehen sie mich an?"

„Ach so", murmelte Herr Lederer enttäuscht und wußte nicht, was er weiter sagen sollte.

Der Mann kaute unterdessen auf den Lippen. „Sie sind Mitglied des Vereins für die Fütterung von Spatzen, was?" stieß er plötzlich hervor.

„Nein", wehrte Herr Lederer ab.

„Dann sind Sie vom Verein für den Schutz von Singvögeln!"

„Auch nicht."

„Menschenskind, von welchem Verein sind Sie dann?" fragte der Unbekannte verwundert.

„Von gar keinem", sagte Herr Lederer. „Das heißt ... der Beerdigungsbruderschaft gehöre ich an. Der israelitischen Beerdigungsbruderschaft."

„Aha", knurrte der Mann argwöhnisch. „Aber ich will mich nicht beerdigen lassen. Außerdem bin ich Katholik, daß Sie's wissen. Und Vögel füttere ich nicht. Einen Dackel habe ich auch nicht mehr."

„Ich habe zu Hause einen kleinen Griffon", teilte Herr Lederer mit. „So ein zottiges Biest."

„Dann müssen Sie Mitglied des Vereins für die Zucht von zottigen Hunden werden", verkündete der Mann entschieden.

„Warum?"

„Darum. Die kommen zu Ihnen, und schon sind Sie drin. Ich bekam mal einen Kanarienvogel geschenkt, und binnen drei Tagen wurde ich Mitglied des Vereins für die Zucht von Harzer Kanarienvögeln in der Oberen Neustadt. Wir Kanarienvogelzüchter müssen uns organisieren, haben sie gesagt, und so weiter. Das geht

ruck, zuck. Ich hatte vor sechs Jahren einen Dackel; nach einem Monat gab ich ihn weg, aber Mitglied des Vereins für die Zucht von reinrassigen Jagdhunden muß ich immer noch sein. Jedes Jahr schicken sie eine Zahlkarte und ein Mitgliedsbuch. Was soll man machen", brummelte der Mann melancholisch. „Ich bin in neunzehn Vereinen."

„Das ist viel", meinte Herr Lederer.

„Ja. Ein Kollege von mir ist in dreiundzwanzig; aber er ist für den Frieden, und er fotografiert. Entschuldigen Sie, ich dachte, Sie gehören einem Verein für den Schutz von Vögeln an. Einmal zum Beispiel gab ich auf der Straße einem Blinden einen Sechser, und binnen eines halben Jahres war ich Mitglied von sieben Wohltätigkeitsvereinen. ‚Da wir Ihr gutes, wohltätiges Herz kennen, wenden wir uns an Sie', und so weiter. Aber noch schlimmer ist es, wenn Sie eine edle Gesinnung haben. Für edle Gesinnung gibt es entsetzlich viele Vereine, mein Lieber. Und kaum sind Sie geboren, gibt es einen Verein der Landsleute, einen Heimatverein, einen Ostböhmischen Verein und wer weiß, was noch. Ich habe es mir aufgeschrieben, welchen Vereinen ich angehöre", sagte der Mann und suchte in seinen Taschen. „Ich weiß nicht, aber das müßte doch seine Grenze haben. Wissen Sie, damit man nicht in so vielen Vereinen sein muß. Es müßte einen Schutz oder ein Gesetz geben. Zum Beispiel, daß niemand gezwungen werden darf, in mehr als zwölf Vereinen zu sein."

„Das ist schwierig", meinte Herr Lederer. „Gesetzlich ließe sich das wohl nicht regeln; wir haben ja, wie heißt das doch, Vereinsfreiheit."

„Eine schöne Freiheit", versetzte der Mann bitter. „Nichts kann man tun, ohne daß es einen Verein dafür gibt. Ich sage, das müßte irgendwie organisiert werden. Alle, die von all diesen Vereinen genug haben, müßten sich zusammenschließen und durchsetzen, daß die Vereinspflicht eingeschränkt wird. Zwölf Vereine könnten genügen, nicht wahr? Ich denke, das ließe sich organisieren." –

„Wie?"

„Man müßte dafür einen neuen Verein auf die Beine stellen", versetzte der Mann gedankenverloren. „Ich denke, dem würden sich eine Menge Leute anschließen. Kurzum, wir müßten uns organisieren ... einen agilen Verein oder eine Liga dafür gründen ... und ein Vereinsorgan schaffen, damit die Interessen der von übermäßigen Vereinspflichten belasteten Mitglieder gewahrt werden. Kurz, einen ordentlichen Verein dafür gründen, mein Lieber!"

1936

Die Umzugsfirma

„... zwar weiß ich noch nicht, wie sich das technisch realisieren läßt, aber eine technische Lösung findet sich immer, wenn eine gute Idee da ist, die anständigen Profit verspricht. Und *meine* Idee, mein Lieber, wird sagenhaft viel Geld einbringen, wenn mir jemand hilft, noch ein paar praktische Details zu finden, damit sie tadellos realisiert werden kann. Aber wie ich schon sagte, das wird sich von selbst ergeben.

Wie könnte ich Ihnen das veranschaulichen? Sehen Sie mal, angenommen, es gefällt Ihnen nicht in der Straße, in der Sie wohnen; vielleicht stinkt dort eine Schokoladenfabrik, oder es ist viel Lärm, und Sie können nicht schlafen, oder dort gibt es andere Ärgernisse, ich weiß nicht; kurzum, eines Tages sagen Sie sich, das sei nichts für Sie. Was machen Sie in so einem Fall? Sie suchen sich eine Wohnung in einer anderen Straße, bestellen den Möbelwagen und ziehen in die neue Wohnung, nicht wahr? Ganz einfach. Jeder gute Gedanke, mein Lieber, ist im Grunde unerhört einfach.

Und jetzt stellen Sie sich vor, Ihnen oder irgend jemandem gefällt es nicht in diesem Jahrhundert. Es gibt

Leute, die lieben Ruhe und Frieden; es gibt Leute, denen dreht sich der Magen um, wenn sie täglich in der Zeitung lesen, daß Krieg ist oder daß es Krieg geben wird, daß da jemand hingerichtet wurde oder daß sich dort ein paar hundert oder tausend Leute wechselseitig umgebracht haben. Das kommt von den Nerven, mein Bester, manch einer verträgt das nicht. Manch einer mag es nicht, wenn sich jeden Tag in der Welt etwas Gewalttätiges abspielt, und er sagt sich, wie komme ich dazu, mir das anzusehen? Ich bin doch ein zivilisierter, friedlicher und häuslicher Mensch, habe Kinder und möchte, daß sie nicht in so einer absonderlichen und, wie soll ich sagen, zerrütteten und gefährlichen Welt aufwachsen, nicht wahr? Mein Lieber, es gibt viele solche Leute; und wenn man es recht bedenkt, ist einem heutzutage wirklich nichts sicher: weder das Leben noch die Stellung noch das Geld, ja, nicht einmal die Familie; es nützt nichts, früher war in der Welt doch mehr Sicherheit. Kurz, es gibt biedere Leute, denen die heutige Zeit nicht gefallen will; und manche sind deswegen so verdrossen und unglücklich, als wohnten sie in einer besonders schlimmen und verrufenen Straße, wohin man seine Nase lieber nicht steckt. Was hilft es, da ist nichts zu machen; aber es ist ein Leben zum Davonlaufen.

Und nun komme ich, mein Lieber, und drücke so einem Menschen einen Prospekt meiner Firma in die Hand: *Gefällt es Ihnen nicht im 20. Jahrhundert?* Dann wenden Sie sich an mich! Mit meinen eigens dafür eingerichteten Umzugswagen *siedele ich Sie in jedes beliebige vergangene Jahrhundert um*! Kein Ausflug, sondern eine dauerhafte Umsiedlung! Wählen Sie sich ein Jahrhundert, in dem Sie besser leben könnten, und mit meinen qualifizierten Kräften werde ich Sie mit Ihrer

Familie und Ihrer Einrichtung *schnell, billig und sicher* dorthin befördern! Meine Wagen können Sie im Bereich von dreihundert Jahren beliebig umsiedeln; aber wir bereiten Wagen vor, deren Aktionsradius zwei bis drei Jahrtausende spielend überschreitet. Für jedes zurückgelegte Jahr pro Kilogramm Fracht soundsoviel Kronen Taxe.

Wieviel es kosten wird, weiß ich noch nicht; ich habe nämlich die Wagen noch nicht, die sich in der Zeit bewegen können; aber keine Sorge, das wird sich finden; man braucht nur einen Bleistift zur Hand zu nehmen und auszurechnen, wieviel damit zu verdienen ist. Von den dämlichen Vehikeln abgesehen, habe ich die ganze Organisation schon gut durchdacht. Angenommen, es kommt ein Herr zu mir und sagt, er möchte weg aus diesem verdammten Jahrhundert, er habe die Nase voll von Gaskrieg, Rüstung, Faschismus und überhaupt dem ganzen Fortschritt. Ich lasse ihn schimpfen, mein Lieber, und dann sage ich: Bitte wählen Sie sich etwas aus, mein Herr; hier haben Sie Prospekte von verschiedenen Jahrhunderten. Zum Beispiel vom neunzehnten Jahrhundert. Eine gebildete Zeit, mäßige Unterdrückung, anständig geführte Kriege kleineren Ausmaßes; eine glänzende Blüte der Wissenschaften, reichlich Gelegenheit zum wirtschaftlichen Aufschwung; wegen ihrer tiefen Ruhe und des recht humanen Umgangs mit den Menschen empfehlen wir besonders die Ära des k. u. k. Polizeiministers Bach. Oder das achtzehnte Jahrhundert, geeignet vor allem für Leute, die sich für geistige Werte und Gedankenfreiheit interessieren; empfehlenswert besonders für Denker und Intellektuelle. Oder schauen Sie sich hier bitte das sechste Jahrhundert nach Christus an; zwar wüteten damals die Hunnen, aber man konnte sich tief in den Wäldern verstecken; ein idyllisches Leben, ozonreiche Luft, Angeln und andere Sportarten. Oder die sogenannte Christenverfolgung, ein relativ zivilisiertes Jahrhundert; behagliche Katakomben, beträchtliche Toleranz in religiösen und anderen Fragen, keine Konzentrationslager und so weiter. Kurzum, es sollte mich wundern, wenn sich ein Mensch des 20. Jahrhunderts nicht ein anderes Jahrhundert auswählt, in dem er freier und menschlicher leben kann, und wenn er nicht zu mir sagt: Mein Herr, wenn sie Preisnachlaß gewähren, siedele ich lieber in die ältere Steinzeit um. Aber ich werde sagen: Bedaure, wir haben feste Preise; sehen Sie mal, wieviel Bestellungen für eine Umsiedlung in die Urzeit vorliegen; dorthin transportieren wir unsere verehrten Klienten nur in Massen, und wir können lediglich zwölf Pfund Gepäck pro Kopf mitnehmen; sonst könnten wir die Nachfrage nicht befriedigen. Den nächsten freien Platz haben wir erst in einem Transport, der am dreizehnten März in die ältere Steinzeit aufbricht; wenn Sie wollen, daß wir Ihnen schon jetzt einen Platz zusichern ...

Ach, wird das ein tolles Geschäft, mein Lieber; ich möchte gleich mit etwa dreißig Umzugswagen und sechs Bussen für den Massentransport anfangen. Für meine Firma fehlt mir weiter nichts als die Wagen, die sich in der Zeit bewegen; aber die wird schon jemand erfinden; schließlich wird das heute oder morgen für unsere gebildete Welt, ich möchte sagen, eine Lebensnotwendigkeit sein."

1936

Der erste Gast

„... gesellschaftliches Leben heißt das, aber ich sage Ihnen, es ist nicht gut organisiert. Man kann sich einen Frack oder einen Smoking ausleihen; man kann sich Kellner und Pianisten kommen lassen, ja, auch diese, wie man so sagt, Stubenmädchen zum Anbeißen, sogar mit Schürze; man kann sich für seine Gäste ein komplettes Abendessen nach Hause bestellen, bis zur letzten Semmel, mitsamt Geschirr und allem Drum und Dran. Es ist schon genug getan worden, um das gesellschaftliche Leben zu verbessern, trotzdem klaffen immer noch Lücken, mein Lieber. Ich möchte sagen, geradezu schreiende Lücken.

Angenommen, Sie sind zum Tee oder zu einem Empfang oder dergleichen eingeladen; in bester Laune klingeln Sie an der Tür, und im Vorraum stellen Sie mit einmal fest, daß noch kein Mantel oder Hut dahängt. Ein schreckliches Gefühl, mein Lieber. Am liebsten würden Sie wegrennen oder sagen, Sie hätten Ihr Taschentuch zu Hause vergessen und kämen in einer Weile wieder, aber das geht nicht mehr; damit es nicht den Anschein erweckt, als habe Sie das aus dem Konzept gebracht, verwundern Sie sich laut: „Ich bin wohl der erste?"

Und das Mädchen mit der weißen Schürze macht einen Knicks und sagt kichernd: „Ja, mein Herr." Und schon ist es passiert; schon fallen Sie den Gastgebern in die Hände und murmeln verlegen, daß Sie wohl ein wenig zu früh gekommen seien. Ihre Uhr gehe vor oder so etwas; während die Gastgeber Ihnen übereifrig versichern, sie seien im Gegenteil erfreut und *jemand müsse ja der erste sein*. Das ist allerdings wahr; doch bedeutet es nicht, daß ausgerechnet Sie dieser Jemand sein müssen, nicht wahr? Es nützt alles nichts, der erste Gast kommt sich stets ein wenig dumm vor und ist betreten, als hätte er der Einladung allzuviel Ehre beigemessen, als hätte er sich aufgedrängt oder dergleichen – einfach eine unwürdige Situation; und wie zum Trotz dauert es sehr lange, bis der nächste Gast erscheint – die anderen, diese Schurken, kommen dann angeströmt. Und so treten Sie vor den Gastgebern von einem Bein aufs andere, wissen nicht, was Sie sagen sollen (weil die Gastgeber wegen der Warterei zerstreut sind) und möchten sich am liebsten sonstwohin wünschen. Kurzum, Sie stehen da wie ein begossener Pudel und werden Ihrer angeknacksten Selbstachtung an diesem Tag durch nichts wieder aufhelfen.

Und jetzt stellen Sie sich vor, wie viele Teegesellschaften und Abendessen und wie viele Gesellschaften überhaupt es in einer Saison gibt und daß jedesmal ein Pechvogel, der nichts dafür kann, die lächerliche Gestalt des ersten Gastes abgeben muß. Man kann gar nicht ausrechnen, mein Lieber, wie viele Leute davon in einer Saison betroffen sind. Und darum bin ich auf die Idee gekommen, daß man dem ein Ende setzen müßte. Zum Beispiel würde ich einen Verleih von berufsmäßigen ersten Gästen einrichten. Man braucht nur anzurufen, und ich schicke eine Viertelstunde vor

Beginn meinen Mann zum Ort der Tat, damit er als erster Gast erscheint; dafür bekommt er zwanzig Kronen und etwas zu essen. Er muß ordentlich gekleidet, gebildet und überhaupt fachlich trainiert sein, versteht sich. Für zwanzig Kronen kriegt man einen gewöhnlichen Studenten oder einen alten, stillen und feinen Pensionär; ein Sportler ist natürlich teurer, sagen wir fünfzig Kronen; ein distinguierter Ausländer oder ein russischer Fürst kostet etwa sechzig Kronen. Mein berufsmäßiger erster Gast ist zur Stelle, bevor ein anderer als erster Gast kommen kann; er steht mit den Gastgebern da, bis die anderen Gäste eintreffen, dann ißt er ein belegtes Brötchen und zieht sich diskret zurück. Ich sage Ihnen, manch einer könnte dadurch sein Glück machen; er lernt bessere Leute kennen, und Sie wissen ja, wenn die Leute jemanden von einer Gesellschaft her kennen ... Kurzum, die Sache hätte auch ihre soziale Seite, mein Lieber; man könnte sie ohne große Investitionen verwirklichen ... ein kleines Büro und ein Telefon genügen."

1936

Der Vorschlag

Hochverehrtes Finanzministerium,
im vorvorigen Jahr wurde ich nach fünfunddreißigjährigem treuem und gewissenhaftem Dienst als Steuereinnehmer pensioniert. In all den Jahren habe ich reiche Erfahrungen gesammelt, und ich kann sagen, daß ich mehr von meinem Fach verstehe als die meisten Finanzexperten; vor allem habe ich die Erfahrung gemacht, daß fast alle Leute, die ich kennenlernte, ihre Steuern ungern, widerstrebend, ja, mit offensichtlichem Widerwillen zahlen und dies sowohl gegenüber den Steuerorganen als auch untereinander (zum Beispiel im privaten Gespräch, im Gasthaus, in Unterhaltungen mit Kunden usw.) ziemlich deutlich zu verstehen geben. Oft hörte ich Äußerungen wie: „Man zahlt sich dußlig und weiß nicht, wofür" oder „dafür wird unser Geld rausgeschmissen, aber um in unserem Bezirk die Straßen auszubessern, dafür ist kein Geld da" und so weiter. Darum meine ich, einer der Gründe, warum ein normaler Steuerzahler seine Steuern ungern zahlt, liegt darin, daß er sich nicht vorstellen kann, wofür Vater Staat seine schwerverdienten Groschen verwendet; er hat gewissermaßen kein Vertrauen, daß sie zum

allgemeinen Nutzen ausgegeben werden und für Zwecke, die er selber billigen würde.

Aufgrund meiner Erfahrungen und nach reiflicher Überlegung bin ich zu der Ansicht gelangt, daß es nicht schwer wäre, diese Sachlage zu ändern. Ich stelle mir das so vor, daß jeder Steuerzahler auf seinem Steuerbescheid direkt mitgeteilt bekommt, wofür die von ihm bezahlten Steuern verwendet werden, zum Beispiel: „Der von Ihnen erhobene Betrag wird Herrn Josef Vrabec, Schuldiener in Ihrer Stadt, als Gehalt für September, Oktober und November ausgezahlt." – „Für die von Ihnen gezahlten Steuern werden 7 Meter Staatsstraße auf dem Kilometer 451 ausgebessert." – „Dieser Betrag wird Herrn Adolf Kopecký, Postdirektor im Ruhestand, wohnhaft dort und dort, als Pension ausgezahlt." – „Ihre Steuern werden zur Anschaffung neuer Scheinwerfer für das Fliegerabwehrregiment soundso verwendet." Und so weiter.

Die Vorteile dieser neuen Methode der Steuererhebung wären folgende: 1. Der Steuerzahler weiß, was aus seinen Steuern wird; dies befriedigt ihn, und seine natürliche Abneigung, Steuern zu zahlen, wird überwunden. 2. Man weckt bei ihm lebhaftes Interesse für dieses Gebiet des öffentlichen Dienstes beziehungsweise des Bedarfs, für den sein Geld verwendet wird.

Konkret gesagt, in den von mir oben angeführten Fällen könnte der normale Steuerzahler hingehen und nachsehen, wie Herr Josef Vrabec, Schuldiener der örtlichen Bürgerschule, seine Pflicht erfüllt: ob er die Korridore ausgefegt hat, ob er pünktlich klingelt, ob er nicht über seine Verhältnisse lebt und ob er sich überhaupt so benimmt, wie man es von einem für unsere Jugend verantwortlichen Schuldiener erwartet. Des weiteren könnte sich der Steuerzahler selbst überzeugen, wie der Kilometer 451 der Staatsstraße ausgebessert wird, ob dort nicht irgendeine Lumperei geschieht und überhaupt ob mit seinem Straßenabschnitt alles in bester Ordnung ist. Des weiteren könnte er Herrn Adolf Kopecký, Postdirektor im Ruhestand, besuchen, um nachzusehen, ob dem alten Herrn nichts fehlt, ob er nicht allzu häufig ins Gasthaus geht und so weiter; wenn er gewissermaßen eine persönliche Beziehung zu ihm empfindet, könnte er ihn gegebenenfalls am Sonntag zum Mittagessen einladen. Des weiteren könnte sich sein Interesse für Scheinwerfer und für militärische Dinge überhaupt verstärken, da er sie als sein persönliches Verdienst ansähe. „Ja, unsere Armee", wird er sagen, „die hat Scheinwerfer! Ich weiß Bescheid, schließlich bezahle ich sie."

Das Finanzministerium möge bedenken, wie der Steuerzahler auf diese unkomplizierte Weise Vertrauen zu den Dingen gewinnt, die für seine Steuern angeschafft werden; wie er die richtige Verwendung seiner Gelder selbst kontrolliert; wie dadurch sein Interesse für die verschiedenen Gebiete der öffentlichen Verwaltung wächst, insbesondere wenn seine Steuern jedes Jahr für einen anderen Zweck verwendet werden. Der Steuerzahler wird sich schon im voraus auf all das freuen, wofür man sein Geld in diesem Jahr verwendet, und aufpassen, daß ordentliche Arbeit dafür geleistet wird, und gegebenenfalls hinweisen auf verschiedene Ungehörigkeiten des Schuldieners Josef Vrabec oder des Straßenmeisters, der den Kilometer 451 nicht wie seine gute Stube aufgeräumt hat. Ja, viele werden dem Finanzamt ein höheres Einkommen angeben, als sie es wirklich haben, nur damit ihnen für ihre Steuern ein Beamter einer höheren Kategorie zugewiesen wird; manch einer wird seinen Ehrgeiz dreinsetzen, zumindest in die Steuerklasse eines Herrn Rates zu kommen. So mancher jüngere Beamte wird von seinem Steuerzahler nach Hause eingeladen werden und dessen Tochter kennenlernen; überhaupt werden zwischen Behörden und Steuerzahlern enge persönliche Kontakte geknüpft, die für beide Seiten von Nutzen sind. Man kann sich vorstellen, wie stolz der kleine Steuerzahler wäre, wenn er die Benachrichtigung erhielte, daß seine bescheidenen Kronen für die Sanierung einer Bank verwendet werden. Oder wie angenehm überrascht der Verwaltungsrat des Pilsener Bürgerbräus wäre, wenn ihm mitgeteilt würde, daß mit den von der Brauerei erhobenen Steuern die Staatspreise für Poesie und Literatur finanziert werden! Es ist gar nicht auszudenken, wie das Steuerzahlen unter diesen Umständen belebt würde; aus einer unliebsamen Pflicht wird geradezu ein Abenteuer, das für den Steuerzahler ein immer neues persönliches Interesse und eine unerschöpfliche Quelle verschiedenartigen Vergnügens birgt.

Darum sollte Vater Staat diese schlichte Anregung in Betracht ziehen, die ihm unterbreitet wird von seinem bescheidenen und ergebenen Diener N. N.

1937

Der Verein der Gläubiger des Barons Biháry

Nun ist wieder eines unserer Mitglieder von uns gegangen, der alte Pollitzer, wissen Sie, der Schreibmaschinen verkauft hat, Gott hab ihn selig; gewiß, er war schon etwas über achtzig, aber er hätte noch lange unter uns sein können; der Ärmste, er kam so gern zu unseren Dienstagszusammenkünften. Hätten wir geahnt, daß er uns so bald verläßt, so hätten wir ihn zu unserem Vorsitzenden gewählt, nicht, weil er einer der größten Gläubiger gewesen wäre, er hatte beim Herrn Baron nur ein paar Tausender gut, sondern um dem alten Herrn eine Freude zu bereiten. Das muß man uns lassen, bei uns, mein Lieber, gibt es so viel guten Willen wie in nur wenigen Vereinen. Nun, jetzt ist es nicht mehr zu ändern; aber wir haben ihm einen Kranz auf den Sarg gelegt – eine Augenweide.

Was dies für ein Verein ist? Damit hat es folgende Bewandtnis: In Prag lebte mal ein gewisser Herr Baron Biháry, ein großer und vornehmer Mann mit rabenschwarzem Haar und Augen – nun, die Weiber waren ganz verrückt nach ihm. Er hatte in Bubeneč eine Villa gemietet, besaß zwei Autos, und was die Geliebten betrifft, so waren es allein den Rechnungen nach sieben;

nichts für ungut, er war ein Kavalier, der Herr Baron. Er besaß, hieß es, ein Gut in der Slowakei, ein Waldgebiet in der Gegend von Jasiny, eine Zellulosefabrik, eine Glashütte und Erdölbohrungen irgendwo bei Antalowzy; kurzum, er war sagenhaft begütert. Sie haben keine Vorstellung, wieviel Traktoren, Maschinen, Büroausrüstungen, Schecks, Schreibmaschinen, Schmucksachen und Blumensträuße er dafür brauchte; gewiß, so ein Besitz verlangt schrecklich viel Verwaltung, aber der Herr Baron konnte sich auch sehen lassen; er machte alles im großen Stil – man konnte sich nicht satt sehen an ihm. Nachher stellte sich heraus, er besaß gar keine Zellulosefabrik, kein Erdöl, kein Waldgebiet und auch kein Gut; nur eine Glashütte war in seinem Besitz, aber die Maschinen hatte der Herr Baron schon vor langer Zeit verkauft; und es stellte sich heraus, daß der Herr Baron Biháry gar kein Baron war, sondern Chaim Roth hieß und aus Peretschin stammte. Er sollte wegen Betruges und ähnlicher Sachen angezeigt werden, aber dann trafen sich einige Gläubiger und sahen, durch eine Klage war nicht viel aus ihm herauszuholen; die paar Teppiche und Parfüms, die er in der Villa hatte, retteten niemanden, das sagte einem der gesunde Menschenverstand. Wenn der Herr Baron eingesperrt wird, sind wir alles los, sagten sich die Gläubiger; aber vielleicht kommt der elende Halunke doch eines Tages zu Geld; ein Gauner ist er, reden kann er wie ein Wasserfall und auftreten wie ein Fürst; womöglich ergibt sich eine reiche Heirat oder dergleichen – kurzum, in solch einem Fall könnte er uns wenigstens etwas zurückzahlen; wir dürfen ihn nicht ruinieren, sonst sehen wir unser Geld nie wieder. Und so wurden alle Klagen zurückgezogen, und es wurde ein Gläubigerverein gegründet; ungefähr einhundertsiebzig waren wir – und wie im Rotary-Club aus allen Berufen: Autohändler, Oberkellner, Bankiers, Schneider, Juweliere, Blumenhändler, ein Baumeister, ein Pferdehändler, ein Parfümeur, eine Näherin, ein paar Rechtsanwälte, eine Hure und wer weiß, was noch alles, mit einer Gesamtsumme von ungefähr sechzehn oder siebzehn Millionen; und nun trafen wir uns und berieten, wie der Herr Baron gerettet werden könnte, damit die Sache nicht schiefging. Wir mußten ihn über Wasser halten, damit er hier und dort sein Glück versuchen konnte, und dabei aufpassen, daß er nichts anstellte, wofür man ihn in den Knast stecken würde; einmal verloren wir ihn für einen Tag aus den Augen, und schon hatte er uns einen Betrug eingebrockt, und wir mußten die Sache in aller Stille ausbügeln. Tja, mein Lieber, das waren spannende Zeiten! Der Herr Baron war wie besessen vom Kartenspiel, und immer mußte er falschspielen. Oder er wollte in die Spionage einsteigen, angeblich bringe das sagenhaft viel Geld. Ständig mußte ihn einer von uns bewachen – aber das muß man dem Herrn Baron lassen, er war ein ungemein netter Gesellschafter; immer bewirtete er uns vortrefflich und sagte hinterher: Zahlen Sie, und setzen Sie es mir auf die Rechnung. Alles was recht ist, nie im Leben haben wir so viel Vergnügen gehabt wie damals mit dem Herrn Baron. Und wir gewöhnten uns aneinander und verstanden uns alle bestens: lauter ältere, rechtschaffene, erfahrene Leute, die nur ihr Geld sehen wollten, das sie bei dem Herrn Baron gut hatten.

Und dann verschwand unser Herr Baron. Es hieß, er sei nach Amerika geflohen, nach Hollywood oder sonstwohin. Ach, der geht nicht verloren, und womöglich macht er eines Tages kolossal viel Geld; wer weiß, vielleicht kehrt er nach vielen Jahren zurück. Nur, wis-

sen Sie, wir Gläubiger hatten uns wirklich aneinander gewöhnt; der Herr Baron fehlte uns zwar ungemein und das Geld auch, aber noch mehr hätte uns gefehlt, wenn wir uns nicht mehr einmal in der Woche getroffen hätten. Wir unterhielten uns immer so gut über all die wirtschaftlichen Dinge, Sie wissen ja, wieviel Schwierigkeiten und Schikanen es heutzutage gibt, und es existiert auch nicht mehr diese Solidität im Geschäft wie früher; wir tauschten auch unsere Erfahrungen in den verschiedenen Branchen aus. Wo hätte unsereins sonst zu hören bekommen, wie es bei Automobilen oder im Blumenhandel aussieht; aber bei uns, in unserem Verein, sitzen alle diese Branchen, wie man so sagt, in einem Boot. Und so sagten wir uns, zum Kuckuck, unseren Herrn Baron hat der Teufel geholt, aber wir haben uns nun einmal gefunden und werden auch weiterhin zusammenhalten und basta. Nun, so treffen wir uns weiter jeden Dienstag, schon seit zehn Jahren; immer gedenken wir unseres Herrn Barons, wie der Ärmste sich in Amerika herumtreibt, und dann reden wir über die schlimmen Zeiten, man erleichtert sich wenigstens einmal, auch über alle möglichen Krankheiten kann man sprechen. Ja, ungefähr zwölf von uns stehen schon vor Gottes Gericht. Der alte Herr Pollitzer wird uns hier jetzt sehr fehlen. Schade, daß Sie dem Herrn Baron Biháry nie begegnet sind; das war so ein charmanter Herr, und dann könnten Sie wenigstens in unseren Verein kommen.

1937

Tonda

Mit Tonda war das so. Eines Tages kam unsere Tante, ich meine die Schwester meiner Frau, und bat mich um einen Rat. Ich glaube, es ging um ein Pferd. Sie wollte ein Pferd für die Wirtschaft kaufen und sagte, Schwager, als Eisenbahner kennen Sie doch eine Menge Leute und auch die Händler, die auf die Märkte fahren, erkundigen Sie sich doch mal nach einem brauchbaren Pferd. Ich erzählte dies und das, vor allem von der Wirtschaft, und mit einmal sah ich, sie hat etwas Dickes in der Tasche. Bestimmt, sagte ich mir, ist das eine Gans. Frantík, dachte ich, am Sonntag ißt du zu Mittag Gänsebraten. Ich verhandelte mit der Schwägerin, und dabei dachte ich immerzu an die Gans, die könnte ihre acht Pfund wiegen, fand ich, und etwas Fett wird man auch auslassen. Ja, unsere Tante ist ein kluges Frauenzimmer. Hier, Schwager, sagt sie, habe ich Ihnen für die Hilfe etwas mitgebracht. Sie holt es aus der Tasche. Und da fängt es an zu quieken, daß ich vor Schreck wie ein Hase aufspringe. Ein lebendes Ferkel!, und es quiekt, als würde es geschlachtet. Ein sehr schönes Ferkel, das muß man ihr lassen. Ja, unsere Tante, die ist eine einfältige Person: was ist schon ein Schaffner,

aber so eine Frau vom Lande sieht in ihm eine Amtsperson. Der Schaffner kann die Leute anbrüllen und sie sonstwohin schicken, bis sie zu schwitzen anfangen, kurz, er ist eine Behörde. Und so hatte die arme Tante gedacht, sie müßte sich wunder wie erkenntlich zeigen; sie achtet mich auch, das ist wahr, und unsere Kinder liebt sie, als ob es ihre eigenen wären. Ich sage Ihnen, so ein Ferkel brachte sie uns mit. Hier, Schwager, das ist von unserer Zuchtsau.

Sie können sich vorstellen, als das Ferkel anfing zu quieken, kamen gleich meine Frau und die Kinder, na, da war die Freude groß. Der Junge schnappte es am Schwanz und hatte einen Heidenspaß, wie es kreischte. Andula nahm es auf den Schoß und wiegte es wie ein Kind; das Ferkel beruhigte sich, fing friedlich an zu schnorcheln und schlief ein, und das Mädchen saß da wie aus Stein, das Ferkel in die Schürze gewikkelt, und hatte auf einmal ganz große und fromme Augen. Ich kann gar nicht begreifen, wo so ein kleines Balg soviel Mütterlichkeit hernimmt. Es hilft alles nichts, Kinder, sagte ich, wir müssen den Holzschuppen ausräumen und daraus einen Stall für unseren Toníček machen. Ich weiß nicht, wieso ich das Ferkel ausgerechnet Toníček nannte; aber den Namen behielt es, solange es bei uns war. Nur wurde es, als es über zehn Kilo wog, Toník genannt, und später war es einfach Tonda. Unser Tonda. Man sollte gar nicht glauben, wie schnell so ein Ferkel wächst. Wenn es siebzig Kilo wiegt, rechnete ich, machen wir Schlachtfest; etwas wird aufgegessen, etwas als Fett ausgelassen und einiges wird schön geräuchert für den Winter. Nun, wir fütterten und pflegten es und freuten uns den ganzen Sommer auf das Schlachtfest; und Tonda lief uns bis in die Stube hinterher und ließ sich kraulen, ich sage Ihnen, man brauchte ihn nur zu rufen. Soll mir keiner erzählen, ein Schwein sei ein dummes Tier.

Eines Tages in der Weihnachtszeit sagte ich zu meiner Frau, wir sollten den Schlächter bestellen.

„Wozu?" fragte meine Frau.

„Na, damit er Tonda absticht."

Meine Frau sah mich überrascht an; und ich merkte selber, es klang irgendwie merkwürdig. „Damit er das Schwein schlachtet", sagte ich schnell.

„Tonda?" fragte meine Frau und guckte unentwegt so eigenartig.

„Aber dazu haben wir ihn doch gemästet, oder?" sagte ich darauf.

„Dann hätten wir ihm nicht einen christlichen Namen geben sollen", entfuhr es meiner Frau. „Ich könnte nichts in den Mund nehmen. Stell dir vor, Leberwurst von Tonda. Oder Tondas Ohr aufessen. Das kannst du nicht von mir verlangen. Und von den Kindern auch nicht. Wir würden uns ja wie Menschenfresser vorkommen."

Sie wissen ja, mein Lieber: ein dummes Frauenzimmer. Das sagte ich ihr auch, fragen Sie lieber nicht, wie; aber als ich es mir überlegte, wurde mir merkwürdig zumute. Verdammt noch mal, Tonda schlachten, Tonda vierteln, und Tonda räuchern, das geht nicht recht; ich möchte davon auch nichts essen. Man ist doch kein Unmensch, nicht wahr? Ohne Namen ist ein Schwein wie das andere; heißt es aber erst mal Tonda, hat man ein anderes Verhältnis dazu. Was soll ich Ihnen sagen: Ich verkaufte Tonda dem Schlächter und kam mir dabei noch wie ein Menschenhändler vor. Nicht mal an dem Geld hatte ich Freude.

Darum denke ich mir, ein Mensch kann einen anderen totschlagen, solange der andere für ihn keinen Namen hat. Wüßte er, daß der, auf den er mit der Flinte zielt, František Novák oder sonstwie heißt, von mir aus Franz Huber oder Tonda oder Wassili, ich denke, dann würde ihm etwas in seiner Seele sagen: Verdammt, schieß nicht, das ist doch der František Novák! Wenn alle Menschen auf der Welt einander mit einem richtigen christlichen Namen riefen, ich denke, dann würde sich zwischen ihnen eine Menge ändern. Aber heutzutage können die Menschen und die Völker einander nicht riechen und nicht rufen. Das ist das Elend, mein Lieber.

1937

Über das Reisen

Er: Hör mal, dieses Jahr könnten wir in den Ferien nach Neuseeland reisen.

Sie: Warum?

Er: Na, darum ... Hast du mal „Die Kinder des Kapitäns Grant" gelesen? Weißt du, es ist von Kind auf mein Traum, einmal Neuseeland zu sehen.

Sie: Na gut, Liebling. Wir reisen nach Neuseeland. Du weißt gar nicht, wie ich mich freue.

Er (studiert Schiffsrouten, Landkarten von Neuseeland und so weiter): Hm ... Hm ... So eine blöde Verbindung! Und hier gibt's, wie ich sehe, nicht mal eine Straße. Da muß man wahrscheinlich ein Schiff nehmen. Hm ... Vielleicht gibt es doch irgendeine Verbindung.

Sie: Hör mal. Hörst du zu?

Er: Ja?

Sie: Könnten wir dieses Jahr nicht nach Island fahren?

Er: Warum?

Sie: Dieses Jahr fahren *alle* nach Island.

Er: Gerade deshalb fahren *wir* nach Neuseeland!

Sie: Ich möchte *so* gern nach Island! Dort muß es herrlich sein!

Er: Und das sagst du mir jetzt, wo die Pläne für Neuseeland fertig sind?

Sie: Na schön, Liebling, wenn du willst, reisen wir nach Neuseeland. Wir sprechen nicht mehr darüber, ja?

Er (studiert Schiffsrouten, Landkarten von Island, Literatur über Island, isländische Sagas und so weiter): Hm ... Hm ... Verdammt, so eine schlechte Verbindung! Da muß man wohl zu Pferde reisen. Und über die Berge gibt es, wie ich sehe, nicht mal einen Fußweg. So was Dummes. Hm ... Und wie gelangt man dorthin? Wahrscheinlich mit einem Fischerboot.

Sie: Hör mal, könnten wir nicht nach Holland fahren?

Er: Warum?

Sie: In Katwijk kann man herrlich baden, hat Emča erzählt, sie war voriges Jahr dort. Und es soll dort spottbillig sein.

Er: Aber du wolltest doch nach Island!

Sie: Ich? Fällt mir gar nicht ein! Dort kann man doch nicht baden!

Er (studiert Landkarten von Holland, Hotelprospekte und so weiter): Hm ... Aber teuer ist es dort! Und wenn wir einmal in Holland sind, wie wär's mit einem Abstecher in die holländischen Kolonien, zum Beispiel nach Surinam oder Java! Hör mal!

Sie: Was denn?

Er: Wenn wir einmal in Holland sind, möchtest du dann nicht auch nach Java?

Sie: Kann man dort baden?

Er: Und wie! Und dorthin fahren so schöne weiße Schiffe.

Sie: Wunderbar, wir fahren nach Java! Ich habe gerade ein neues weißes Waschkleid mit rotem Gürtel. Du weißt gar nicht, wie ich mich auf Java freue!

Sie: Wir reisen dieses Jahr nach Java.

Ein Freund: Warum?

Sie: Zum Baden. Dort soll man wundervoll baden können.

Freund: Wer hat Ihnen das erzählt?

Sie: Alle erzählen, das Wasser sei dort herrlich.

Freund: Herrlich ja, aber voller Haifische. Ich würde nicht dorthin fahren. Java ist die Insel der Langeweile.

Sie: Wohin würden Sie denn eine Badereise machen?

Freund: Ich sage Ihnen: Wenn schon eine Badereise, dann in die Alpen zum Mortalasee. Lago di Mortala, wissen Sie? Ich habe dort mal gebadet – die reine Wonne!

Sie: Und kommt man von dort nach Holland, nach Katwijk?

Freund: Gewiß.

Sie: Hör mal (und so weiter).

Er (studiert Landkarten von den Alpen, Hotelprospekte, Literatur über die Botanik der Alpen, über Alpinistik und so weiter).

(Nach den Ferien)

Freund: Nun, wo sind Sie dieses Jahr gewesen?

Sie: Natürlich in Dubrovnik!

Er: Dort konnte man wundervoll baden.

Freund: Und sind Sie von Dubrovnik aus mal nach Trogir gefahren? Nein? Na, dann haben Sie gar nichts

gesehen. Und auf Vis sind Sie auch nicht gewesen? Ich sage Ihnen, dann haben Sie die Reise umsonst gemacht. *Ich* könnte Ihnen sagen, wohin man reisen muß!

Sie: Siehst du, ich habe es dir gesagt! Wir hätten nach Island fahren sollen. In Dubrovnik sind schon Hinz und Kunz gewesen, so was ist doch keine Reise.

1937

Wenn erst Diplomaten zu Gericht sitzen

Gerichtsvorsitzender: Meine Herren, heute müssen wir uns leider mit einem sehr ernsten Fall beschäftigen. Zwar habe ich die Verhandlung aufzuschieben versucht, doch unter dem Druck der öffentlichen Meinung, die zu Recht empört ist ... (Blättert). Die Anklage stellt fest, daß am hellichten Tag auf offener Straße ein Raubmord verübt worden ist. Vor den Augen der Zeugen wurde ein friedlicher Fußgänger überfallen. Näheres erfahren Sie im übrigen aus den Zeugenaussagen.

Gerichtsvorsitzender: Sind Sie die Witwe des Ermordeten?

Witwe: Ja.

Vorsitzender: Das Gericht spricht Ihnen sein tiefes Beileid aus. Frau Zeugin, waren Sie anwesend bei jenem ... unglücklichen Vorfall? Können Sie uns sagen, wie er sich abgespielt hat?

Witwe: Ja. (Zeigt) Er ist der Mörder!

Herr mit einer Warze auf der Nase: Ich verwahre mich gegen diese öffentliche Verleumdung!

Vorsitzender: Frau Zeugin. Sie dürfen auf niemanden zeigen. Sie behaupten also, der Mord sei von einer nicht näher bezeichneten Person verübt worden?

Herr mit der Warze auf der Nase (greift nach seinem Hut): Meine Herren, ich kann nicht länger hier sitzen, wenn noch einmal das Wort Mord fällt. Es war ein Akt berechtigter Selbstverteidigung.

Gerichtsvorsitzender: Ich stimme dieser glücklichen Formulierung zu. Also Ihr Mann, Frau Zeugin, ging friedlich die Straße entlang ...

Herr mit der Warze auf der Nase: Pardon, ein Irrtum. Er ging nicht friedlich. Er trug dreist Geld auf die Sparkasse – und machte ein beleidigendes Gesicht.

Gerichtsvorsitzender: Inwiefern beleidigend?

Herr mit der Warze auf der Nase: Er gab zu erkennen, daß er sich nicht fürchtet. Anscheinend war er sogar bewaffnet.

Witwe: Das ist nicht wahr! Er war nicht bewaffnet!

Gerichtsvorsitzender: Das war allerdings eine große Unvorsichtigkeit, liebe Frau. Wäre er bewaffnet gewesen, hätte er uns die heutige peinliche Entscheidung ersparen können. Es hätte dieser ... unselige Vorfall vermieden werden können. (Seufzt resigniert.) Bitte den nächsten Zeugen. Herr Zeuge, Sie sind dabei gewesen ...

Zeuge: Ja. Ich war dabei, als ein Herr mit einer Warze auf der Nase jenen Mann auf offener Straße überfiel.

Herr mit der Warze auf der Nase: Und wer war der Herr? Wollen Sie nicht seinen Namen nennen?

Zeuge: Nein. Lieber nicht.

Herr mit der Warze auf der Nase: Na also. Das möchte ich auch niemandem raten.

Gerichtsvorsitzender: Es ist wirklich besser, wenn die Herren Zeugen niemanden allzu genau bezeichnen. Damit wird dem Gericht ein objektives und gerechtes Urteil sehr erleichtert. Bitte den nächsten Zeugen.

Gerichtsvorsitzender: Meine Herren, nach Vernehmung aller Zeugen können wir es als erwiesen betrachten, daß eine gewisse ... nicht näher bezeichnete Person ... in der Absicht, eine Brieftasche in ihren Besitz zu überführen, auf der Straße von einer Schußwaffe Gebrauch machte ..., was den Verlust eines Menschenlebens zur Folge hatte. Angesichts der Tatsache ..., daß sich dergleichen bedauerliche Vorfälle in letzter Zeit immer mehr häufen, entschloß sich das hohe Gericht zu einem strengen Urteil. Im Namen der Menschenrechte! Ohne irgend jemandem zu nahe treten zu wollen, verkünden wir feierlich ..., daß wir uns bei dem nächsten ähnlichen Zwischenfall genötigt sähen, mit Bedauern erneut zusammenzutreten ... und erneut, ohne jemanden beim Namen zu nennen, dergleichen Vorfälle als unerwünscht ... und der geltenden Ordnung widersprechend zu bezeichnen. Das ist alles.

Herr mit der Warze auf der Nase: Dieses Urteil ist natürlich unannehmbar, ja, geradezu beleidigend. Ich verwahre mich prinzipiell gegen alle Urteile, die sich im Namen der Menschenrechte anmaßen zu entscheiden, was erwünscht ist und was nicht. Beim nächsten Mal, meine Herren, würde ich nicht erscheinen. Für so etwas habe ich keine Zeit.

Gerichtsvorsitzender: Das tut uns schrecklich leid, mein Herr. Bei der Verteidigung der Menschenrechte und ... der Ordnung würden wir ungern auf Ihre wertvolle Mitwirkung verzichten. Das Gericht versichert Sie seiner besonderen Hochachtung.

Beisitzer: Mir scheint, Herr Kollege, mit solchen ernsten Fällen wie Raubmord sollten wir uns hier nicht mehr abgeben.

1937

Der Heiligenschein

Herr Knotek erwachte in seinem Junggesellenbett um drei Viertel sieben. Da kann ich noch eine Viertelstunde liegen, dachte er zufrieden; und plötzlich tauchte in seiner Erinnerung der gestrige Tag auf. Es war gräßlich gewesen; viel hätte gestern nicht gefehlt, und er wäre in die Moldau gesprungen! Aber vorher hätte er dem Herrn Prokuristen Polický einen Brief geschrieben, und den hätte sich der Herr Polický nicht hinter den Spiegel gesteckt! Nein, Herr Polický, Sie hätten bis ins Grab keine Ruhe mehr gefunden, weil Sie einen Menschen so tief gekränkt haben. Hier an diesem Tisch hatte Herr Knotek bis in die Nacht vor einem unbeschriebenen Blatt Papier gesessen, wie gelähmt von dem Unrecht und der Schmach, die ihm in der Bank angetan worden waren. So einen Idioten haben wir hier noch nicht gehabt, hatte Herr Polický geschrien; sackerlot, Knotek, ich werde schon dafür sorgen, daß man Sie woandershin versetzt, aber was die dort mit so einem Versager anfangen sollen, das wissen die Götter; Menschenskind, Sie sind die unfähigste Arbeitskraft in den letzten tausend Jahren, und solche Sachen. Und das, man bedenke, vor den übrigen Beamten und den Fräuleins. Herr Knotek stand puterrot und erledigt da, während Herr Polický brüllte und ihm den unseligen Kontoauszug vor die Füße warf; er war so bestürzt, daß er sich gar nicht verteidigen konnte. Damit Sie Bescheid wissen, Herr Polický, dieser Auszug stammt nicht von mir, sondern vom Kollegen Šembera; schnauzen Sie Kollegen Šembera an, Herr Polický, und lassen Sie mich in Ruhe; ich arbeite schon siebzehn Jahre in der Bank, Herr Polický, und mir ist noch kein größerer Fehler unterlaufen. Doch bevor Herr Knotek zu Wort kam, hatte Herr Polický bereits die Tür hinter sich zugeknallt, und im Büro trat peinliche Stille ein; Kollege Šembera beugte sich über seine Papiere, damit man ihm nicht ins Gesicht sehen konnte, und dann nahm Herr Knotek wie geistesabwesend seinen Hut und verließ das Büro. Hierher kehre ich nicht mehr zurück, sagte er sich, das ist das Ende. Das ist das Ende. Den ganzen Nachmittag irrte er durch die Straßen; er vergaß das Mittagessen und schlich ohne Abendessen nach Hause wie ein Dieb, um den letzten Brief zu schreiben; danach sollte das Ende kommen, Herr Polický aber hätte bis ans Grab ein Menschenleben auf dem Gewissen.

Herr Knotek blinzelte nachdenklich zu dem Tisch hin, an dem er gestern bis in die Nacht gesessen hatte. Was hatte er eigentlich schreiben wollen? Jetzt konnte er sich um nichts in der Welt auch nur eines der wohl gewählten und bitteren Worte entsinnen, mit denen er das Gewissen des Herrn Polický hatte belasten wollen. Allerdings war ihm dann an dem Tisch so elend und kalt geworden, daß er vor Selbstmitleid in Tränen ausbrach; dann war er, matt vor Hunger und Trauer, ins Bett gekrochen und wie erschlagen eingeschlafen. Ich sollte den Brief jetzt schreiben, überlegte Herr Knotek im Bett, aber ihm war so warm und wohl; eine Weile warte ich noch, sagte er sich, und dann schreibe ich ihn; so eine Sache muß man in Ruhe abwägen.

Herr Knotek deckte sich bis zum Kinn zu. Was soll ich eigentlich schreiben? Nun, vor allem, daß Kollege Šembera den Kontoauszug gemacht hat. Aber das geht doch nicht; dachte Herr Knotek erschrocken. Šembera ist zwar ein Trottel, aber er hat drei Kinder und eine kränkelnde Frau; erst vor sechs Wochen hat er die Stelle in der Bank bekommen – mein Lieber, der flöge wieder raus! Sackerlot, Šembera, es hilft alles nichts, wird Herr Polický sagen, aber solche Leute halten wir in der Bank nicht. – Oder ich schreibe nur, daß ich den Auszug nicht gemacht habe, grübelte Herr Knotek; aber dann forscht Herr Polický nach, wer ihn verbockt hat, und Šembera verliert trotzdem seine Stellung. Das möchte ich nicht auf mich laden, überlegte Herr Knotek mitleidig. Šembera muß ich unerwähnt lassen. Ich werde Herrn Polický nur schreiben, daß er mir Unrecht getan und daß er mich auf dem Gewissen hat.

Herr Knotek richtete sich im Bett auf. Jemand müßte Šembera im Auge behalten. Ich könnte ihm sagen: Sehen Sie mal, Kollege, das muß man so und so machen; wissen Sie was, ich werde Ihnen lieber immer helfen. Nur werde ich nicht mehr da sein, das ist der springende Punkt; und Šembera, dieser Trottel, wird achtkantig rausgeschmissen. Das ist eine dumme Situation, grübelte der Herr Knotek, die Arme um die Knie geschlungen; eigentlich müßte ich dort bleiben ... Und Herrn Polický diese Grobheit verzeihen, was? Ja, Herrn Polický verzeihen, daß er mich so gekränkt hat! Warum nicht? Herr Polický ist ein Hitzkopf, aber, Mensch, er meint es doch nicht so; nach einer Weile weiß er nicht mehr, warum er so getobt hat. Streng ist er, aber er hält auf Ordnung in seiner Abteilung, das muß man ihm lassen. Herr Knotek merkte verwundert, daß er sich eigentlich nicht mehr so tief beleidigt fühlte; er fühlte sich ausgeglichen und beinahe wohl. Ich werde Herrn Polický verzeihen, flüsterte er vor sich hin, und dem Šembera werde ich zeigen, wie man es machen muß.

Viertel acht. Herr Knotek sprang aus dem Bett und eilte zum Waschbecken. Zum Rasieren reichte die Zeit nicht mehr, er mußte in seine Sachen schlüpfen und loslaufen. Herr Knotek lief die Treppe hinab, er fühlte sich ungemein beschwingt und munter, wohl deshalb, weil er mit sich ins reine gekommen war; er lief, den Hut in der Hand, und hätte vor Freude am liebsten gesungen. Gleich würde er sich im Kaffeehaus seinen Kaffee bestellen, einen Blick in die Zeitung werfen und in die Bank gehen, als wäre nichts passiert.

Herr Knotek griff sich an den Kopf. Warum schauen ihn die Leute so an? Vielleicht hat er etwas am Hut? Nein, den Hut trägt er doch in der Hand. Auf der Straße fuhr ein Taxi; plötzlich schaute sich der Chauffeur nach Herrn Knotek um und hätte den Wagen dabei fast auf den Bürgersteig gelenkt. Herr Knotek schüttelte den Kopf, einerseits tadelnd, andererseits zum Zeichen, daß er kein Taxi brauche. Ihm war, als blieben die Leute stehen und schauten sich nach ihm um, und er tastete sich hastig ab, ob alle Knöpfe zugeknöpft waren und ob er nicht vergessen hatte, die Krawatte umzubinden. Nein, Gott sei Dank, alles war in Ordnung; und Herr Knotek trat guter Dinge in sein Kaffeehaus.

Der Pikkolo starrte ihn mit weit aufgerissenen Augen an.

„Einen Kaffee und die Zeitung“, bestellte Herr Knotek und machte es sich an seinem Tisch bequem. Der Kellner bringt ihm den Kaffee und läßt seinen Blick ver-

blüfft oberhalb der kahlen Glatze des Herrn Knotek ruhen. In der Küchentür tauchen ein paar Köpfe auf und gaffen Herrn Knotek entgeistert an.

Herr Knotek fragte beunruhigt: „Was gibt's?"

Der Kellner räusperte sich verlegen. „Sie haben etwas auf dem Kopf."

Herr Knotek griff sich an den Kopf; nein, der war trocken und glatt wie immer. „Was habe ich auf dem Kopf?" stieß er hervor.

„Es sieht aus wie ein Schein", stammelte der Kellner zögernd. „Ich starre es immerzu an."

Herr Knotek runzelte die Stirn; offenbar wollten sie ihn wegen seiner Glatze veralbern. „Kümmern Sie sich um Ihre eigenen Angelegenheiten", sagte er scharf und widmete sich seinem Kaffee. Sicherheitshalber sah er sich unauffällig um und entdeckte sein Bild in einem Spiegel; er gewahrte seine solide Glatze und rings um sie etwas wie einen goldenen Kreis. Herr Knotek erhob sich jäh und trat näher an den Spiegel heran. Der goldene Kreis begleitete ihn. Herr Knotek griff mit beiden Händen danach, ertastete jedoch nichts, seine Hände glitten durch den Lichtkreis – er war ganz immateriell und wärmte schwach und sanft die Finger.

„Woher haben Sie das?" fragte der Kellner voller mitfühlendem Interesse.

„Ich weiß nicht", erwiderte Herr Knotek ratlos, und plötzlich erschrak er. Damit konnte er doch nicht in die Bank gehen! Was würde Herr Polický dazu sagen? Herr Knotek, würde er sagen, solche Sachen lassen Sie gefälligst zu Hause, in der Bank können wir so etwas nicht dulden. Was soll ich machen? überlegte Herr Knotek erschauernd, herunternehmen läßt es sich nicht und unterm Hut verstecken auch nicht; wenn ich wenigstens nach Hause gelange. „Bitte", sagte er rasch, „hätten Sie nicht einen Regenschirm für mich? Ich verstecke es unter einem Regenschirm."

Ein Mensch, der an einem sonnigen Morgen unter einem aufgespannten Regenschirm die Straße entlangläuft, fällt bestimmt auf, aber doch nicht so, als wenn er mit einem Heiligenschein um den Kopf einherschritte. Herr Knotek gelangte ohne besonderen Zwischenfall nach Hause, doch auf der Treppe schrie das Dienstmädchen des Nachbarn, das ihm begegnete, entsetzt auf und ließ die Tasche mit den Einkäufen fallen; auf einer dunklen Treppe leuchtet so ein Heiligenschein besonders hell. Herr Knotek schloß sich in seiner Wohnung ein und lief zum Spiegel. Ja, er hatte etwas um den Kopf, größer als eine Cinelle, mit der Leuchtkraft von etwa vierzig Kerzen; es ließ sich nicht löschen, nicht einmal als er Wasser aus dem Hahn darüber laufen ließ. Ansonsten behinderte es ihn weder beim Bewegen noch sonst. Womit soll ich mich in der Bank entschuldigen? dachte Herr Knotek fassungslos; ich muß mich krank melden, so kann ich doch nicht hingehen. Und er rannte zur Hausmeisterin und rief ihr durch den Türspalt zu: „Bitte rufen Sie in der Bank an, daß ich heute nicht kommen kann, ich bin ernstlich krank." Zum Glück begegnete ihm niemand auf der Treppe. In seiner Wohnung schloß er sich wieder ein und versuchte etwas zu lesen; doch alle paar Minuten stand er auf und ging zum Spiegel. Der goldene Ring um den Kopf leuchtete ruhig und klar.

Nachmittags bekam er schrecklichen Hunger; aber er konnte doch nicht mit dem Heiligenschein ins Gasthaus essen gehen. Mit dem Lesen war es inzwischen ganz aus; er saß reglos da und sagte sich: Das ist das Ende. So kann ich nie mehr unter die Leute. Ich hätte mich gestern ertränken sollen.

Jemand klingelte.

„Wer ist da?“ stieß Herr Knotek hervor.

„Doktor Vaňásek. Ihre Bank schickt mich. Können Sie mir öffnen?“

Herr Knotek atmete erleichtert auf. Der Arzt würde ihm vielleicht helfen; Doktor Vaňásek war ein alter, kluger Praktiker.

„Was fehlt uns denn?“ sagte der alte Doktor beim Hereinkommen mit dröhnender Stimme, „wo tut's uns weh?“

„Schauen Sie, Herr Doktor“, seufzte Herr Knotek, „was ich hier bekommen habe.“

„Wo?“

„Hier, um den Kopf.“

„Na so was“, wunderte sich der Doktor und begann, den Schein zu untersuchen. „Ich werd verrückt“, brummte er. „Menschenskind, wo haben Sie das her?“

„Was ist das?“ fragte Herr Knotek beklommen.

„Es sieht aus wie eine Gloriole“, versetzte der alte Doktor so ernst, als wenn er Variola sagte. „So was hab ich mein Lebtag nicht gesehen, mein Freund. Warten Sie, ich will mir mal Ihren Patellarreflex ansehen. Hm, die Pupillen reagieren auch normal. Und Ihre Eltern, mein Freund, waren sie gesund? Ja? Keine religiöse Exaltation oder so etwas? Nichts? Und für Visionen und derlei Dinge haben Sie nichts übriggehabt?“ Doktor Vaňásek rückte sich feierlich die Brille zurecht. „Hören Sie, das ist ein besonderer Fall. Ich möchte Sie damit in die Nervenklinik schicken, damit das wissenschaftlich untersucht wird. Man schreibt heutzutage von allen möglichen elektrischen Gehirnströmen – weiß der Teufel, das wird wohl eine Art elektrische Strahlung sein. Es riecht hier stark nach Ozon. Mensch, Sie werden ein berühmter wissenschaftlicher Fall!“

„Nur das nicht, bitte!" stieß Herr Knotek entsetzt hervor. „Das sähe man bei uns in der Bank sehr ungern, daß die Zeitungen über mich schreiben. Bitte, Herr Doktor, könnten Sie mir denn nicht helfen?"

Doktor Vaňásek dachte nach. „Das ist schwierig, mein Lieber. Ich werde Ihnen Brom verschreiben, aber ... Nun, ich weiß nicht. Hören Sie, als Arzt glaube ich nicht an übernatürliche Phänomene. Sicher hat es mit den Nerven zu tun, aber ... Hören Sie, Herr Knotek, haben Sie nicht zufällig etwas, wie soll ich sagen, etwas Heiliges vollbracht?"

„Etwas Heiliges? Wie meinen Sie das?" fragte Herr Knotek erstaunt.

„Nun ja, etwas Ungewöhnliches. Eine tugendhafte Tat oder so etwas."

„Nicht, daß ich wüßte, Herr Doktor", stammelte der Herr Knotek. „Höchstens, daß ich den ganzen Tag nichts gegessen habe."

„Vielleicht geht es nach dem Essen weg", brummte der alte Doktor. „Ich werde der Bank melden, daß Sie die Grippe haben. Hören Sie, ich an Ihrer Stelle würde versuchen, ein bißchen zu lästern."

„Zu lästern?"

„Ja. Oder überhaupt irgendwie zu sündigen. Schaden kann es Ihnen nicht, und den Versuch ist es wert. Womöglich werden Sie es dann von selbst los. Nun, ich sehe morgen wieder nach Ihnen."

Herr Knotek blieb allein und versuchte, vor dem Spiegel stehend, zu lästern. Aber er hatte wohl zum Lästern zu wenig Phantasie: Der Lichtkreis um seinen Kopf zitterte nicht einmal. Herrn Knotek fiel nichts Lästerliches mehr ein, und so streckte er seinem Spiegelbild die Zunge heraus und setzte sich deprimiert. Er hatte Hunger und war so entkräftet, daß er fast geweint hätte. Mir wird nichts mehr helfen, dachte er mutlos. Und alles kommt nur daher, daß ich Polický, diesem Hund, verziehen habe. Als ob er das wert wäre: ein Leuteschinder ist er, ein Karrierist sondergleichen. Die Fräuleins in der Bank schnauzt er natürlich nicht an. Ich möchte mal wissen, Herr Polický, warum Sie das rothaarige Tippfräulein so oft zum Diktat rufen. Nicht, daß ich mir sonstwas denke, Herr Polický; aber so ein alter Knacker wie Sie hat das doch nicht nötig. Das kommt einem teuer zu stehen, Herr Polický; ein junges Mädchen, so etwas geht ins Geld. Dann spekuliert so ein Prokurist oder Direktor an der Börse, und die Bank trägt den Schaden davon. So geht das lang, Herr Polický, und das soll unsereiner mit ansehen? Jemand sollte den Verwaltungsrat darauf hinweisen, daß er den Herrn Prokuristen im Auge behalten muß. Und die rothaarige Tippse auch. Fragen Sie die nur, wo sie das Geld für ihre Schminke und ihre Seidenstrümpfe hernimmt. Gehört es sich denn, solche Strümpfe in einer Bank zu tragen? Trage ich seidene Strümpfe? Ist doch klar, so ein Mädchen geht nur in eine Bank, um sich einen Direktor zu angeln; darum schminkt sie sich die Fresse, anstatt sich um ihre Arbeit zu kümmern. Die sind alle gleich, dachte Herr Knotek empört; wenn ich Prokurist wäre, mein Lieber, ich würde andere Saiten aufziehen.

Oder der Šembera, überlegte Herr Knotek weiter. Der ist durch Protektion zu uns gekommen, obwohl er nicht mal zwei plus zwei addieren kann. Das fehlte noch, daß ich dir helfe! So ein Hänfling, aber Kinder muß er in die Welt setzen. Ich kann mir nicht Frau und Kinder erlauben, mein Bester, wie sollte ich mit meinem Gehalt auskommen! Solche leichtsinnigen Menschen sollte die Bank gar nicht einstellen. Und warum deine Frau kränkelt, Šembera, kann man sich doch denken. Man kann sich doch denken, daß sie eine Abtreibung gemacht hat; dafür kommt sie ins Gefängnis, wenn jemand sie verpfeift. Nein, nein, ein zweites Mal werde ich dich nicht decken, wenn du etwas falsch machst; soll jeder für sich selber sorgen, und basta! Eine Bank ist nicht dazu da, um jemandem zu helfen. Sonst heißt es noch: Herr Knotek, wissen Sie, was Ihre Pflicht ist? Auf jeden Fehler aufmerksam machen und ihn nicht verschleiern. Das könnte Ihnen den Aufstieg verderben, Herr Knotek; kümmern Sie sich um Ihre Angelegenheiten, und gucken Sie nicht nach rechts und links. Wer es zu etwas bringen will, darf sich keinem falschen Mitleid hingeben. Haben der Herr Prokurist Polický oder der Herr Direktor mit jemandem Mitleid? Na, sehen Sie, Herr Knotek!

Herr Knotek gähnte vor Hunger und Schwäche. Mein Gott, wenn ich wenigstens hinaus könnte! Voller Selbstmitleid stand er auf und trat vor den Spiegel. Er sah nur ein gewöhnliches verdrossenes Menschengesicht und ringsherum nichts, gar nichts. Keine Spur von einem Schein. Herr Knotek stupste fast mit der Nase an den Spiegel, aber er entdeckte nichts, nur das schüttere Haar und ein paar Fältchen um die Augen; statt des goldenen Kreises waren nur das Grau und die Verwaistheit des ungemütlichen Zimmers zu sehen.

Herr Knotek atmete unendlich erleichtert auf. Nun konnte er morgen früh wieder in die Bank gehen.

1938

Der Mann, der fliegen konnte

Herr Tomšík ging auf dem Weg unterhalb des Krankenhauses Vinohrady spazieren; er tat das der Gesundheit wegen, denn er achtete sehr auf seine Gesundheit, überhaupt war er ein leidenschaftlicher Sportler wie auch ein eifriger Zuschauer bei Ligakämpfen. Er spazierte rasch und leicht in der Frühlingsdämmerung; hin und wieder begegnete ihm ein Liebespärchen oder jemand aus Strašnice. Ich sollte mir einen Schrittmesser kaufen, dachte er, damit ich weiß, wieviel Schritte ich pro Tag mache. Plötzlich fiel ihm ein, daß er schon drei Nächte den gleichen Traum gehabt hatte: Er geht eine Straße entlang, aber da ist ihm eine Frau mit einem Kinderwagen im Wege; er stößt sich ganz leicht mit dem linken Fuß ab, und im selben Augenblick erhebt er sich drei Meter in die Luft, fliegt über die Frau mit dem Kinderwagen hinweg und gleitet elegant zur Erde nieder. Im Traum wunderte er sich nicht im geringsten darüber; es erschien ihm ganz selbstverständlich und höchst angenehm, nur fand er es ein wenig komisch, daß das bisher noch niemand probiert hatte. Schließlich ist es so leicht: Nur ein bißchen strampeln wie beim Radfahren, schon erhebt sich Herr Tomšík wieder in die Luft, schwebt in Höhe des ersten Stockwerks und gleitet sanft zurück zur Erde. Sich nur mit dem Fuß abstoßen, schon fliegt er wieder mühelos wie auf einem Trampolin; er braucht gar nicht die Erde zu berühren, strampelt mit den Beinen und fliegt weiter. Im Traum muß Herr Tomšík laut lachen, daß noch niemand auf diesen Trick gekommen ist. Sich nur mit dem Fuß leicht von der Erde abstoßen, und schon kann man fliegen. Das ist doch leichter und natürlicher als zu gehen, wurde sich Herr Tomšík im Traum bewußt; das muß ich morgen ausprobieren, wenn ich aufgestanden bin.

Drei Nächte hintereinander habe ich das geträumt, erinnerte sich Herr Tomšík. Ein angenehmer Traum ist das; man fühlt sich dabei so leicht. Ja, es wäre schön, wenn man so ohne weiteres fliegen könnte; sich nur ein bißchen mit dem Fuß abstoßen. Herr Tomšík schaute sich um. Hinter ihm ging niemand. Einfach zum Spaß nahm er etwas Anlauf und stieß sich mit dem linken Fuß ab, als wollte er über eine Schlammpfütze springen. Im selben Augenblick erhob er sich ungefähr drei Meter in die Luft und flog, flog im flachen Bogen über die Erde. Er wunderte sich gar nicht darüber; es war wirklich ganz natürlich, nur erregte es ihn wonnevoll wie eine Fahrt mit dem Karussell. Herr Tomšík hätte vor jungenhafter Freude beinahe aufgeschrien; aber da näherte er sich nach dreißig Metern Flug der Erde und sah, daß dort Schlamm war; wie im Traum strampelte er ein bißchen, und tatsächlich flog er höher und landete leicht und ohne Aufprall etwa fünfzehn Meter weiter, hinter dem Rücken eines Mannes, der melancholisch nach Strašnice spazierte. Der Mann blickte sich argwöhnisch um; offenbar gefiel es ihm nicht, daß hinter ihm jemand ging, dessen Schritte er vorher nicht gehört hatte. Herr Tomšík überholte ihn möglichst unauffällig; er hatte beinahe Angst, er könnte sich durch einen energischeren Schritt zu stark vom Boden abstoßen und wieder fliegen.

Das muß ich mal richtig ausprobieren, sagte sich Herr Tomšík und kehrte auf dem gleichen einsamen Weg nach Hause zurück; doch wie zum Trotz begegnete er lauter Liebespaaren und Eisenbahnern. Darum bog er zu einer öden Stelle ab, wo seit Jahren Schrott abgeladen wurde; es war schon dunkel, aber Herr Tomšík fürchtete, er könnte es bis morgen vergessen haben. Er stieß sich diesmal zögernder ab, erhob sich nur reichlich einen Meter und landete ein wenig hart auf der Erde. Er versuchte es ein zweites Mal und nahm wie beim Schwimmen die Arme zu Hilfe; nun flog er gut achtzig Meter, sogar in einem Halbkreis, und setzte leicht wie eine Libelle auf. Er wollte es ein drittes Mal probieren, doch da fiel ein Lichtkegel auf ihn, und eine rauhe Stimme fragte ihn: „Was treiben Sie denn hier?" Es war eine Polizeistreife.

Herr Tomšík erschrak furchtbar und stammelte, er trainiere hier ein wenig. „Machen Sie, daß Sie wegkommen, und trainieren Sie woanders", schnauzte der Polizist, „aber nicht hier." Herr Tomšík begriff zwar nicht, warum er woanders trainieren durfte, hier aber nicht; doch da er ein loyaler Mensch war, wünschte er dem Polizisten eine gute Nacht und ging rasch fort, voll Angst, unversehens in die Luft zu schweben; das wäre der Polizei womöglich verdächtig erschienen. Erst unterhalb der Staatlichen Gesundheitsanstalt sprang er wieder in die Luft, schwebte leicht über einen Drahtzaun und flog, die Arme zu Hilfe nehmend, über den Anstaltsgarten hinweg bis zur nächsten Straße, der Korunni třida, wo er dicht vor einem Dienstmädchen landete, das einen Krug Bier trug. Das Dienstmädchen stieß einen Schrei aus und ergriff die Flucht. Herr Tomšík schätzte diesen Flug auf gut zweihundert Meter; für den Anfang fand er das glänzend.

An den folgenden Tagen trainierte er fleißig das Fliegen, allerdings nur nachts und an einsamen Orten, vor allem in der Umgebung des Jüdischen Friedhofs hinter Olšany. Er probierte verschiedene Methoden, zum Beispiel mit Anlauf emporzuschweben oder aus dem Stand senkrecht aufzusteigen; spielend erreichte er, nur mit den Beinen strampelnd, Höhen über hundert Meter, doch mehr traute er sich nicht. Weiterhin eignete er sich verschiedene Arten der Landung an, wie die gleitende Landung oder den verlangsamten senkrechten Fall, der von der Arbeit der Arme abhing; er lernte es auch, die Geschwindigkeit zu beherrschen und in der Luft die Richtung zu ändern, gegen den Wind zu fliegen, mit Ballast zu fliegen, nach Bedarf zu steigen und zu sinken und dergleichen. Es war ganz leicht; Herr Tomšík staunte mehr und mehr, daß die Leute bisher noch nicht daraufgekommen waren; wahrscheinlich hatte es niemand vor ihm versucht, sich einfach mit dem Fuß abzustoßen und zu fliegen. Einmal hielt er sich volle siebzehn Minuten in der Luft, aber dann verhedderte er sich in Telefondrähten und kam lieber wieder herunter. Eines Nachts trainierte er in der Ruská třída; er flog in einer Höhe von etwa vier Metern, als er unter sich zwei Polizisten erblickte; rasch bog er zu den Gärten der Villen ab, während die Polizeipfeifen durch die Nacht schrillten. Nach einer Weile kehrte er zu Fuß an jene Stelle zurück und sah, wie sechs Polizisten mit Taschenlampen die Gärten durchsuchten, angeblich nach einem Dieb, den sie über den Zaun hatten klettern sehen.

Jetzt erst wurde sich Herr Tomšík bewußt, daß ihm

das Fliegen ungeahnte Möglichkeiten bot, aber ihm fiel nichts Vernünftiges ein. Eines Nachts verführte ihn auf dem Náměstí Jiřího z Lobkovic ein offenes Fenster im dritten Stock; Herr Tomšík schwebte durch einen leichten Abstoß empor, setzte sich aufs Fensterbrett und wußte nicht weiter. Im Zimmer hörte er jemanden laut und fest schnarchen; also stieg er hinein, doch weil er nicht zu stehlen gedachte, blieb er mit jenem recht beklommenen und peinlichen Gefühl stehen, das jede fremde Wohnung in uns auslöst. Herr Tomšík seufzte und kletterte wieder aufs Fensterbrett; um aber ein Zeichen zu hinterlassen, einen Beweis seiner sportlichen Leistung, holte er ein Stück Papier aus der Tasche und schrieb mit Bleistift darauf: „Ich war hier! Der Rächer X." Er legte das Papier auf den Nachttisch des Schläfers und schwebte still vom dritten Stock hinab. Erst zu Hause fiel ihm ein, daß das Papier ein Briefumschlag mit seiner Adresse gewesen war, doch nun hatte er nicht den Mut, ihn sich wiederzuholen. Ein paar Tage hatte er schreckliche Angst, die Polizei werde das untersuchen; aber seltsamerweise geschah nichts.

Nach einiger Zeit fühlte Herr Tomšík, daß er es nicht mehr aushielt, das Fliegen als sein geheimes und einsames Vergnügen zu pflegen; aber er wußte nicht, wie er es anstellen sollte, seine Entdeckung der Öffentlichkeit kundzutun. Es ist doch ganz einfach: Man braucht sich nur mit einem Fuß abzustoßen und ein bißchen mit den Armen nachzuhelfen, und schon fliegt man wie ein Vogel. Vielleicht wird ein neuer Sport daraus, oder sagen wir, man kann die Straßen entlasten, wenn alle in der Luft gehen. Und man muß keine Fahrstühle mehr bauen. Überhaupt kann es enorme Bedeutung erlangen; Herr Tomšík wußte zwar nicht genau, welche, aber das würde sich schon finden. Jede große Entdekkung sieht anfangs wie eitle Spielerei aus.

Herr Tomšík hatte einen Nachbarn, einen dicken jungen Mann, Herr Vojta hieß er; und der war bei der Zeitung. Ja, er war Redakteur der Sportrubrik oder dergleichen. Zu diesem Herrn Vojta ging Herr Tomšík eines Tages, und nach allerlei Umschweifen rückte er damit heraus, daß er ihm etwas Interessantes zeigen könne. Er tat ungemein geheimnisvoll, so daß Herr Vojta dachte: Ach du meine Güte – oder so etwas. Nichtsdestoweniger ließ sich Herr Vojta dazu bewegen, gegen neun Uhr abends mit Herrn Tomšík zum Jüdischen Friedhof zu gehen.

„Also schauen Sie mal, Herr Redakteur", sagte Herr Tomšík, stieß sich mit dem Fuß vom Boden ab und schwang sich in eine Höhe von etwa fünf Metern. Dort zog er allerlei Kreise, sank zum Erdboden herab, stieg, mit den Armen rudernd, wieder empor, ja, er blieb sogar gut acht Sekunden reglos in der Luft stehen. Herr Vojta wurde sehr ernst und wollte ganz genau wissen, wie Herr Tomšík das machte. Herr Tomšík führte es ihm geduldig vor: nur sich mit dem Fuß abstoßen, und schon geht's; nein, daran ist nichts Spiritistisches; nein, dazu bedarf es keiner höheren Kraft, auch keiner Willenskraft und keiner Muskelanstrengung; man braucht nur hochzuspringen und loszufliegen. „Versuchen Sie es doch selbst, Herr Redakteur", drängte er, doch Herr Vojta schüttelte den Kopf. Es muß ein besonderer Trick dabei sein, meinte er nachdenklich. Aber ich werde schon dahinterkommen. Herr Tomšík solle es einstweilen niemandem zeigen.

Beim nächsten Mal mußte Herr Tomšík mit Fünfkilohanteln in den Händen vor Herrn Vojta fliegen; das ging schlechter, und er erreichte nur eine Höhe von drei Metern, doch Herr Vojta war zufrieden. Nach dem dritten Flug sagte Herr Vojta: „Hören Sie, Herr Tomšík, ich will Ihnen nicht bange machen, aber das ist eine sehr ernste Sache. Dieses Fliegen aus eigener Kraft könnte große Bedeutung erlangen. Zum Beispiel für die Landesverteidigung, verstehen Sie? Das muß man fachmännisch in die Hand nehmen. Wissen Sie was, Herr Tomšík? Sie müssen es Fachleuten vorführen. Ich werde mich darum kümmern.

So geschah es, daß Herr Tomšík eines Tages in Turnhosen vor vier Herren auf dem Hof der Staatlichen Anstalt für Körpererziehung stand. Er schämte sich schrecklich seiner Nacktheit, hatte Lampenfieber und zitterte vor Kälte, aber Herr Vojta gab nicht nach; es ginge nur in Turnhosen, damit man sähe, wie es gemacht wird. Einer der Herren, ein kräftiger Mann mit Glatze, war Universitätsprofessor für Körpererziehung; er wirkte ganz ablehnend; man sah ihm an der Nasenspitze an, daß er vom Standpunkt der Wissenschaft die ganze Sache für Unsinn hielt. Er schaute ungeduldig auf die Uhr und brummte etwas.

„Nun, Herr Tomšík", sagte Herr Vojta aufgeregt, „führen Sie es uns zuerst mit Anlauf vor."

Herr Tomšík machte erschreckt zwei Schritte.

„Halt!" stoppte ihn der Fachmann. „Sie haben einen ganz schlechten Start. Sie müssen den Körperschwerpunkt auf das linke Bein verlegen, verstehen Sie? Noch einmal!"

Herr Tomšík machte kehrt und versuchte, das Körpergewicht auf das linke Bein zu verlegen.

„Und die Arme, mein Herr", belehrte ihn der Fachmann. „Sie wissen nicht, was Sie mit den Armen machen sollen. Sie müssen die Arme so halten, daß Ihr Brustkorb entspannt ist. Und vorhin haben Sie beim Anlauf den Atem angehalten. Das dürfen Sie nicht. Sie müssen frei und tief atmen. Also noch einmal!"

Herr Tomšík war verwirrt; jetzt wußte er wirklich nicht, was er mit den Armen machen und wie er atmen sollte; er trat unsicher von einem Fuß auf den anderen und suchte den Körperschwerpunkt.

„Na los!" rief Herr Vojta.

Herr Tomšík bewegte sich verlegen hin und her und lief los; gerade wollte er sich zum Flug abstoßen, als der Fachmann sagte: „Schlecht! Warten Sie noch!"

Herr Tomšík wollte stehenbleiben, schaffte es aber nicht mehr; er stieß sich schwach mit dem linken Fuß ab und flog ungefähr einen Meter hoch; aber da er der Aufforderung Folge leisten wollte, lenkte er seinen Flug zur Erde und blieb stehen.

„Ganz schlecht", rief der Fachmann. „Sie müssen in die Hocke gehen! Sie müssen beim Aufsprung auf die Zehenspitzen fallen und in den Knien federn! Und die Arme müssen nach vorn fliegen, verstehen Sie? Ihre Arme übernehmen den Trägheitsfaktor, mein Lieber; das ist eine natürliche Bewegung. Warten Sie", sagte der Fachmann, „ich zeige Ihnen, wie man springt. Schauen Sie gut zu, wie ich das mache." Er zog den Mantel aus und stellte sich zum Start hin. „Achten Sie darauf, mein Lieber: Der Schwerpunkt liegt auf dem linken Fuß; das Bein ist gekrümmt und der Körper nach vorn geneigt; die Ellbogen halte ich nach hinten, damit sich der Brustkorb weitet. Machen Sie es mir nach!"

Herr Tomšík machte es ihm nach; nie im Leben hatte er sich so verrenkt.

„Das müssen Sie üben", sagte der Fachmann. „Und jetzt schauen Sie! Mit dem linken Bein schnelle ich vorwärts." Der Fachmann schnellte vorwärts, lief sechs Schritte, stieß sich ab und sprang, mit den Armen einen schönen Kreis beschreibend; beim Aufsprung ging er mit vorgestreckten Armen elegant in die Hocke. „So wird das gemacht", sagte er und zog sich die Hosen hoch. „Machen Sie es mir genau nach!"

Herr Tomšík schaute Herrn Vojta fragend und unglücklich an. Muß das wirklich sein?

„Also noch einmal", sagte Herr Vojta, und Herr Tomšík verrenkte sich vorschriftsmäßig. „Los!"

Herr Tomšík verwechselte die Beine und rannte mit dem linken Bein los; aber vielleicht ist das egal, Hauptsache, ich gehe in die Hocke und strecke die Arme vor, dachte er beklommen beim Laufen. Beinahe hätte er vergessen zu springen; schnell stieß er sich ab – Hauptsache, die Hocke, schoß es ihm durch den Kopf. Er sprang etwa einen halben Meter hoch und landete nach anderthalb Metern auf der Erde. Rasch ging er in die Hocke und streckte die Arme vor.

„Aber Herr Tomšík", rief Herr Vojta, „Sie sind doch gar nicht geflogen! Bitte noch einmal!"

Herr Tomšík nahm noch einmal Anlauf. Er sprang nur einen Meter vierzig, ging aber gleich in die Hocke und streckte die Arme vor. Er war schweißüberströmt und spürte das Herz im Hals. Mein Gott, sie sollen mich endlich in Ruhe lassen, dachte er niedergeschmettert.

Er sprang noch zweimal; dann mußten sie es aufgeben.

Seit diesem Tag konnte Herr Tomšík nicht mehr fliegen.

1938

Über die Sintflut

Ich weiß nicht, ob Sie sich an die letzte Sintflut erinnern – wahrscheinlich nicht, denn solche Sachen wie eine verdiente Strafe vergessen die Leute nur zu gern; aber das macht nichts, ich werde es Ihnen ins Gedächtnis rufen. Es war wohl einfach so, daß der Herrgott über die Lüsternheit der Menschen, ihre parteiische Unduldsamkeit und andere Sünden erzürnt war und zu dem Schluß kam, er könne es nicht mehr mit ansehen. Und so schickte er vierzig Tage und vierzig Nächte Regen; das Staatliche Meteorologische Institut behauptete zwar, es handele sich um den Zustrom feuchter Meeresluft, der durch ein ausgedehntes Luftdrucktief über dem Festland hervorgerufen werde, doch als die Moldau bis zum Nationalmuseum anstieg, dämmerte den Leuten, das komme nicht von ungefähr und das sei bestimmt der Weltuntergang. Und so war es. Ein Teil suchte Rettung in den Kirchen, andere veranstalteten einen Run auf die Banken und hoben schnell ihr Geld ab (wozu es ihnen beim Weltuntergang nützte, mag Gott wissen), und andere schließlich waren ausschweifend und lebten überhaupt wie zuvor über ihre Verhältnisse; eine Menge von ihnen ertrank ja auch in den Bars. Die vernünftigen Leute sagten natürlich, man müsse etwas gegen die Sintflut tun, zum Beispiel Dämme bauen, und sie meldeten sich haufenweise freiwillig zur Arbeit; doch die Pläne für die Dämme blieben im Ministerium für Öffentliche Arbeiten liegen und sind wohl bis heute nicht ausgeführt worden. Schließlich gingen die Leute von selber ans Werk und begannen Dämme zu bauen, wo es ihnen gerade einfiel; doch wie sollte man Dämme bauen, wenn das Wasser schon Barrandov, Pankrác, Bohdalec und Střešovice überschwemmt hatte und unentwegt stieg? In anderen Städten, Staaten und Erdteilen war es kein bißchen besser; es war einfach wieder mal ein Weltuntergang wie er im Buche steht. Und niemand konnte sich auch nur eine Arche bauen, denn Podskalí war natürlich zuerst überschwemmt, und die Leute in Vinohrady oder Dejvice verstehen es nicht mal, ein Floß zu zimmern, geschweige denn eine Arche; sie sind eben Landratten. Es war nichts zu machen. Weltuntergang ist Weltuntergang.

Zu dieser Zeit lebte ein älterer Herr, er hieß Kirchner oder Bezdíček oder so ähnlich; und der hatte sich als Pensionär auf die Archäologie geworfen und forschte ständig irgendwo nach prähistorischen Spuren. Einmal machte er auch bei Hloubětín Ausgrabungen und fand Tonscherben, die mit Kratzern oder Strichen bedeckt waren; es waren etwa zwanzig Stück. Nun setzte es sich dieser Herr Kirchner (oder Bezdícěk) in den Kopf, die Zeichen seien urzeitliche Runen, und nahm sich vor, sie zu entziffern. Beim Entziffern kriegte er das Wort Samo und noch ein paar andere komische Worte heraus, da schnappte er vor Freude über und schrieb ein Buch „Über die Samo-Bruchstücke", in dem er zu beweisen versuchte, daß seine Scherben von der zer-

schlagenen Urne des großen Führers Samo, des Siegers über die Awaren, stammten und daß darauf in Runen Samos Lebenslauf in der längst ausgestorbenen Sprache der urzeitlichen keltischen Bojer aufgezeichnet sei. Versteht sich, daß die gelehrten Archäologen diese Hypothese mit Gelächter aufnahmen und die Runen als ein mißlungenes Strichornament bezeichneten. Seit der Zeit hegte Herr Bezdíček (oder Kirchner) tödlichen Haß auf die gelehrten Archäologen und versuchte in einer Reihe von Broschüren zu beweisen, daß sie Ignoranten seien und daß es sich bei seinen Scherben tatsächlich um Reste von Samos Urne handele. Er stürzte sich auch auf das Studium der keltischen Sprachen und behauptete, die von ihm auf den Scherben entzifferten Worte hätten keltische Wurzeln. Aber überzeugen Sie mal Gelehrte von etwas, worauf sie selber nicht gekommen sind! Die Wissenschaft nahm die Beweise des Herrn Kirchner (oder Bezdíček) einfach nicht zur Kenntnis; und Herr Bezdíček fühlte sich dadurch persönlich beleidigt und setzte seinen erbitterten Kampf gegen die Archäologen fort. Für ihn existierte nichts weiter auf der Welt als seine Runeninschrift und sein Ringen um die Säuberung unserer Archäologie. Und genau zu dieser Zeit brach jene Sintflut herein.

Herr Bezdíček (oder Kirchner) lebte in Vinohrady nahe dem Wasserwerk; ihm war es egal, daß es draußen in Strömen regnete, denn er saß an seinem Schreibtisch und schrieb eine wütende Polemik gegen einen gewissen Professor Ondrejček, oder wie der Experte für keltische Gräber hieß. Er schrieb also und kümmerte sich um nichts; und als seine Aufwartefrau ihm sagte, es nahe wohl der Weltuntergang, da brummte er nur, sie solle ihn in Ruhe lassen, er habe für derlei dummes Zeug keine Zeit, was schere ihn der

Weltuntergang? Ich werde es dem Ondrejček zeigen, sagte er; dieses Mal zerfetze ich ihn in der Luft. Seine Gräber aus Ouholice, sagte er, sind gar keine keltischen Grabstätten, sondern gewöhnliche germanische Grabhügel; und so ein Idiot will mir Lehren erteilen über Samos Bruchstücke! – Und dann warf er die Aufwartefrau hinaus, weil er für ihr Geschwätz keine Zeit habe, und schrieb weiter.

Dann wieder kam ein Nachbar zu ihm gelaufen; alle Hausbewohner hätten beschlossen, dort unten bei Kravín einen Damm gegen die Naturkatastrophe zu errichten, und Herr Kirchner solle auch mitkommen, um den Damm zu bauen. Wozu denn einen Damm, mein Lieber? sagte Bezdíček; was kümmern mich eure Dämme, mein Bester? Ich bin gerade dabei und gebe es diesem Schwachkopf, diesem Pseudowissenschaftler Ondrejček, so daß er sich sein Lebtag nicht mehr davon erholt. Ich muß ihn unmöglich machen; es ist im Interesse der Archäologie, mein Lieber. So ein Ignorant darf doch nicht mit ausgestorbenen Völkern Schindluder treiben, schrie Herr Kirchner (oder Bezdíček). Eure Sintflut interessiert mich nicht, mein Lieber; bitte belästigt mich nicht damit. Und er setzte sich hin und schrieb weiter. Das Wasser reichte dem Svatopluk Čech auf seinem Denkmal schon bis zum Gürtel.

Und zum dritten bekam Herr Kirchner Besuch von seiner Cousine aus Flora; sie gehörte einer Sekte an, die sich bei einem Steinmetz in Olšany traf und dort das gemeinsame Gebet, Wundertätigkeit und Prophetie betrieb. Die Cousine verkündete Herrn Bezdíček, das Ende der Welt und die Auferstehung der Gerechten nahten, wie in der Apokalypse verkündet; und er, Herr Bezdíček, solle zu ihnen kommen und unter Jubelgesang auf den Triumph der Gerechten warten. Schöne

Gerechtigkeit, versetzte Herr Bezdíček; beten – das könnt ihr, aber gegen eine Pseudowissenschaft kämpfen, wie sie dieser Ondrejček betreibt, das nicht. Verschont mich mit eurem Weltuntergang. Von mir aus kann die Welt zehnmal untergehen, Hauptsache, ich verreiße den Ondrejček mit seinen keltischen Gräbern. – Und er schloß sich ein, damit ihn niemand bei der Arbeit störe.

Dann stieg das Wasser, bis die ganze Welt überflutet war; die Menschheit starb aus; anscheinend hatte sie es verdient.

Als das Wasser wieder fiel und nur noch bis zum Marktplatz von Vinohrady reichte, erschien auf der mit einer Schlammschicht bedeckten Straße Herr Kirchner oder Bezdíček; er war kein bißchen naß geworden, und unterm Arm trug er das Manuskript seiner Polemik gegen Professor Ondrejček; es ärgerte ihn fürchterlich, daß er keinen Drucker für die Broschüre fand.

Nach Jahren dann, als wieder eine Menschheit entstanden war, wunderten sich die neuen Menschen, wie Herr Kirchner oder Bezdíček die Sintflut überlebt hatte; doch als sie ihn direkt danach fragten, riß er verwundert die Augen auf und sagte: „Welche Sintflut? Ich weiß von keiner. Ich habe damals den unwissenden Ondrejček bekämpft. Stellt euch vor, dieser Ignorant hatte sich gegen meine Runeninschriften ausgesprochen!"

Unter uns gesagt, am Überleben des Herrn Bezdíček war nichts Besonderes. Wir wissen ja seit langem, menschlicher Zorn und Fanatismus überleben alle Katastrophen und Sintfluten; ja, nicht einmal der Weltuntergang kann ihnen etwas anhaben.

1938

Der anonyme Briefschreiber

Stellen Sie sich vor, sagte Herr Diviš, was mir neulich passiert ist. Ich bekomme nämlich schon seit Jahren solche, ehm, anonymen Briefe. Sie stammen – der Schrift und dem Papier nach und so weiter – wahrscheinlich von drei oder vier Leuten; zwei schreiben mit der Maschine und zwei mit der Hand; der eine von diesen beiden hat eine gottsjämmerliche Rechtschreibung und macht überhaupt den Eindruck, als sei es mit ihm nicht weit her, der andere dagegen schreibt geradezu Schönschrift, mit so einer gestochenen, sorgfältigen Handschrift – es muß ihn ungeheuer viel Arbeit kosten. Warum die vier ausgerechnet mich ausgesucht haben, kann ich Ihnen auch nicht sagen; in die Politik mische ich mich nicht ein, abgesehen davon, daß ich für die Zeitung Artikel über die Bedürfnisse und Aufgaben unserer Milchwirtschaft und Käseerzeugung schreibe; Sie wissen ja, wenn man ein wenig Fachmann auf einem Gebiet ist, läßt es einem keine Ruhe, man muß sein Scherflein beitragen und unser Volk aufrütteln, aber auch unsere bewußte Öffentlichkeit informieren und so weiter. Ich habe nie geglaubt, daß die Vorschläge zur Verbesserung unserer Meiereien jemandes Ehre verletzen könnten; doch man kann nie wissen. Einer von denen, die mir ständig anonyme Briefe schreiben, ist allem Anschein nach ein Schlächter oder Selcher, der für die Interessen seines Standes kämpft; nach jedem Artikel von mir schickt er einen maschinengeschriebenen Brief, in dem er mir vorwirft, ich wolle mit meinem Käse unsere bewußte Öffentlichkeit verpesten und die Kräfte unseres Volkes untergraben. Der andere anonyme Schreiber, der auf einer alten Remington tippt, teilt mir gewöhnlich mit, daß ich, wie öffentlich bekannt sei, für meine idiotischen Artikel von gewissen Interessenten Honorare in Millionenhöhe bezöge, daß ich mir von diesem Judaslohn schon drei Güter gekauft hätte und nur unser Volk hinters Licht führen wolle, damit es für seine sauer verdienten Groschen meine abgerahmte und mit typhusverseuchtem Wasser gepanschte Milch trinke. Von den beiden, die mir handschriftliche anonyme Briefe schicken, schreibt der, mit dem es nicht weit her ist, Abscheulichkeiten über meine Frau; nun, ich will das nicht wiederholen, aber ... ich sage Ihnen, es ist gräßlich, welch eine Bösartigkeit und Gemeinheit mitunter in den Leuten steckt. Vielleicht eine bessere Frau, die uns kennt und diese Briefe ihrem Dienstmädchen oder ihrer Waschfrau diktiert. Der Anonymus schließlich, der in Schönschrift schreibt, redet mich drohend mit „Herr!" an und fordert kategorisch, ich solle endlich Ruhe geben mit meiner Milch; das Volk habe andere Sorgen und werde nach Gebühr mit denen verfahren, die seine Aufmerksamkeit absichtlich auf materiellen Dreck lenken und seinen Idealismus untergraben. Sie werden als einer der ersten am Laternenpfahl hängen, verkündet mir mein kalligraphischer Anonymus, sobald unser Volk das Gespinst von Täuschungen und schänd-

lichen Intrigen durchschaut, in das es solche Verräter und Käuflinge einspinnen, die Ihnen ähnlich sind und mit Ihnen unter einer Decke stecken, und so weiter. Darauf kommt es nicht weiter an; Sie wissen ja, anonyme Briefe gleichen sich meistens so haargenau, als wären sie aus einem einschlägigen „Sekretär der Liebe" oder einem „Mustergültigen Korrespondenten" abgeschrieben. Mich interessierte vielmehr, wer da schreibt; ich dachte mir, vielleicht ein Freund, der auf diese mühselige Weise seine persönlichen Gefühle bezeugt und sich dadurch für irgend etwas an mir rächen will – wofür, darauf konnte ich nicht kommen; aber wahrscheinlich ist es jemand, den ich kenne oder mit dem ich mal irgendwie zu tun hatte. Ich schreibe nämlich schrecklich ungern Briefe; darum denke ich mir, ein normaler Mensch braucht einen sehr starken Antrieb, damit er sich ans Papier setzt und jemandem schreibt.

So ging das jahrelang; eigentümlich ist, daß die Briefe in der letzten aufregenden Zeit auffallend an Zahl und Vehemenz zugenommen haben. Der militante Fleischer, oder was er ist, begann mich zu duzen und schrieb mir: Du vollgefressenes Schwein, für dich hab ich schon mein Messer gewetzt, und solche Sachen. Der mit der Remington-Schreibmaschine unterschrieb nun seine Briefe mit „Liga für die Säuberung" und riet mir, ich solle mich von meinen Gütern verabschieden – Sie wissen ja, an Boden besitze ich nur einen Kasten mit Pelargonien vorm Fenster –, denn das arbeitende Volk, so schrieb er, habe schon das Urteil über solche Parasiten wie mich gefällt. Die primitiven Briefe über meine Frau waren noch merklich roher; und der kalligraphische Anonymus machte mich persönlich verantwortlich für alles, was geschah, und schloß mit den Worten: „Verschwinden Sie über die Grenze, Sie nichtswürdiger Kerl, bevor es zu spät ist! Dieses Mal unterschreibe ich: Furor." Selbstverständlich stand da noch mehr, aber es war alles etwa in diesem energischen Stil. Ich denke, eine Zeit der Erregung verstärkt die Schreiblust der Menschen und ihr Bedürfnis, sich irgendwie zu äußern; nur hat mich um so mehr gewundert, wodurch wohl ein ziemlich langweiliger Patron wie ich jemanden so leidenschaftlich interessieren kann; es muß etwas schrecklich Persönliches dahinterstecken ... womöglich habe ich jemanden beleidigt oder stehe jemandem im Wege – was weiß man schon von seinen Bekannten! Nur, wissen Sie, es ist ein wenig peinlich, daß man dann jeden, der einem die Hand gibt, etwas unsicher ansieht: Na, mein Freund, bist du es am Ende?

Eines Abends ging ich für ein Stündchen in den Straßen spazieren; ich hatte mir alles aus dem Sinn geschlagen und beobachtete, daß die Menschen im großen ganzen genau wie in anderen, nicht historischen Zeiten lebten. Ich weiß gar nicht, wie die Straße heißt – so eine stille in der Nähe der Gröbovka. Vor mir ging ein Mann in einer Pelerine, er war von kleinem Wuchs und hinkte; offenbar hatte er einen tüchtigen Schnupfen, denn er hustete und qualsterte und langte in einem fort nach dem Taschentuch. Dabei rutschte ihm ein Brief aus der Tasche; doch er merkte es nicht und ging weiter. Ich hob den Brief auf und besah ihn, ob es lohne, seinetwegen dem Mann nachzulaufen. Meine Adresse stand darauf. Und sie war mit der sorgfältigen, gestochenen Handschrift meines vierten Anonymen geschrieben.

Da beschleunigte ich meine Schritte und rief: „He, mein Herr, ist das nicht Ihr Brief?"

Der Mann in der Pelerine blieb stehen und faßte in seine Taschen. „Zeigen Sie mal!“ sagte er. „Ja, das ist mein Brief. Vielen Dank, mein Herr. Besten Dank.“

Ich blieb stehen, wie vom Donner gerührt. Wissen Sie, ich habe ein gutes Gedächtnis für Gesichter, aber diesen Menschen hatte ich noch nie im Leben gesehen. Er war so ein Knirps, der Kragen war entsetzlich schmutzig, die Hosenbeine unten ausgefranst, anstelle der Krawatte ein schiefer Knoten, na, ein Jammeranblick; der Adamsapfel hüpft über seinen Hals, tränende Augen, eine Fettbeule im Gesicht, und obendrein hat er ein lädiertes Bein.

„Besten Dank, mein Herr“, sagte er mit rührender Höflichkeit und zog altmodisch den Hut. „Sehr liebenswürdig von Ihnen.“ Er schwenkte noch einmal den Hut und hinkte mit einer besonderen Würde weiter.

Ich sage Ihnen, ich blieb stehen und sah ihm mit offenem Maul nach. Der also schreibt mir anonyme Briefe! Jemand, dem ich nie im Leben begegnet bin und dem ich nie etwas getan habe. Und dieser Mensch schreibt mir und schickt das obendrein mit Rohrpost! Um Himmels willen, wie komme ich dazu – und wie kommt er dazu? Ich hatte gedacht, es sei Gott weiß was für ein geheimer Feind, indessen ... Und es kostet den Ärmsten noch Geld! Ich wollte ihm nachlaufen und herauskriegen, wer er sei, aber ich brachte es nicht fertig; ich drehte mich auf dem Absatz um und schlenderte zurück. Wissen Sie, er tat mir auf einmal schrecklich leid. Ich dachte: Wenn es ihm Freude bereitet ... Aber wenigstens das Porto sollte sich der Dummkopf sparen! Ich hätte ihm sagen sollen: Menschenskind, Sie können es mir unfrankiert schicken; Sie geben sich soviel Mühe mit der gestochenen Schrift, und dann noch diese Unkosten.

Am nächsten Morgen erhielt ich mit Rohrpost den Brief, der beschmutzt war, weil er auf dem nassen Bürgersteig gelegen hatte. Es standen gräßliche Sachen darin: mich an die Wand stellen, mich an der Akazie aufhängen und ich weiß nicht, was noch. Doch es machte mich nur traurig. Wissen Sie, er ist so armselig, dieser Mensch; wie muß der Ärmste sich verzehren, man stelle sich das vor, was für ein böses und merkwürdiges Leben muß das sein.

1938

Das Interview

Ein Interview, sagte der Dirigent Pilatus achselzuckend. Mich wundert, Menschenskind, daß Sie das glauben. Ich habe auch meine Erfahrungen mit Interviews, und ich sage Ihnen, wenn ich schon jemandem unbedingt ein Interview geben muß, lese ich es anschließend lieber gar nicht. Ich würde mich unnötig ärgern. Eigentlich könnte man sich mitunter totlachen, was man in so einem Interview über sich selbst zu lesen bekommt, dabei ärgert man sich tot, was der Journalist da zusammengepfuscht und verdreht hat. Jede Stümperei bringt einen in Wut, wenn man Einblick hat, nicht wahr? Manchmal staune ich sogar, wie der Journalist das alles so schrecklich durcheinandergebracht und entstellt hat, was ich ihm gesagt habe; als hätte er absichtlich alles anders oder verdreht geschrieben – aber warum, will mir nicht in den Kopf. Wäre ich Politiker oder eine ähnlich bedeutende Person, na schön; dann hat das mit Politik zu tun, und die Leute haben womöglich ein besonderes Interesse daran, jemandem etwas in den Mund zu legen, was er nie im Leben gesagt hat, oder sich überhaupt das ganze Gespräch auszudenken; so was kommt vor. Aber ich habe ja mit derlei nichts zu schaffen; gegen mich hat keiner etwas, höchstens bei uns zu Hause; und trotzdem ist es mir noch nie passiert, daß in einem Interview von mir wenigstens zur Hälfte das gestanden hätte, was ich wirklich gesagt habe.

Also lassen Sie es sich gesagt sein, wie das gemacht wird. Angenommen, ich soll ein größeres Konzert in Liverpool oder in Paris dirigieren – Sie können sich denken, wenn Maestro Pilatus dirigiert, macht die Konzertagentur selber Wind. Ich habe mir im Hotel noch nicht mal die Hände gewaschen, schon ruft der Portier an, ein Herr wünsche mich zu sprechen. In einer wichtigen Angelegenheit. Prost Mahlzeit, sage ich mir, die Zeitungen! Sie wissen ja, die Zeitungen interessieren sich für einen nur am ersten Tag; am nächsten Tag ist man nichts Neues mehr, und wenn Sie noch erwähnt werden wollen, müssen Sie sich zumindest von einem Auto überfahren lassen. Na gut, ich lasse den Herrn eine Weile warten – das gehört gewissermaßen dazu; und dann, bitte, was wünschen Sie? Der junge Mann stellt sich vor, verehrter Maestro, die und die Zeitung möchte ein paar Worte über Sie bringen.

„Was, ein Interview?" frage ich. „Ich gebe grundsätzlich keine Interviews."

„Nein, nein", wehrt der junge Mann ab. „Nur ein paar Worte, eine ganz ungezwungene Unterhaltung."

Resigniert gebe ich nach. „Also gut, schießen Sie los!"

Der junge Mann zückt einen Notizblock und klopft sich mit dem Bleistift gegen die Zähne. Man sieht auf den ersten Blick, er weiß überhaupt nichts von mir, Musik interessiert ihn nicht, und er hat keine Ahnung, worüber er mit mir sprechen könnte. Einen Augenblick

schaut er mich unsicher an, und dann beginnt er: „Maestro, erzählen Sie mir etwas von sich."

So etwas bringt mich gewöhnlich in Wut. „Von mir weiß ich nichts", sage ich zu ihm. „Aber Sie können mit mir über Musik sprechen, wenn es Ihnen recht ist."

Der junge Mann nickt dankbar und notiert eifrig. „Wann haben Sie angefangen zu spielen, Meister?" fragt er dann.

„Als kleiner Junge", sage ich. „Auf dem Klavier."

Der junge Mann schreibt eifrig. „Wo sind Sie geboren?"

„In Maršov."

„Wo liegt das?"

„In Böhmen."

„Und wo?"

„In Böhmen. Im Riesengebirge."

„Wie bitte?"

„Im Riesengebirge. Krkonoše, Monts Géants. Giant Mountains", erkläre ich.

„Aha", sagt der Bursche und schreibt hastig. „Können Sie mir etwas von Ihrer Kindheit erzählen? Zum Beispiel ... was war Ihr Vater?"

„Lehrer. Er spielte in der Kirche Orgel. Das waren meine ersten musikalischen Eindrücke", sage ich, um auf die Musik zu kommen. „Wissen Sie, so ein alter tschechischer Kantor, ein Musikant von Natur aus – das ist bei uns Familientradition." Und so weiter. Der junge Mann schreibt und nickt zufrieden mit dem Kopf. Das ist genau das Richtige für sein Blatt. Bravo, Maestro!

Endlich werde ich ihn los und atme auf. So, das hätte ich hinter mir. Wissen Sie, ich bummele gern durch fremde Städte; dort kennt einen niemand. Ich sage Ihnen, manchmal, wenn ich dirigiere, möchte ich am liebsten den Taktstock hinschmeißen; mit einmal packt mich so ein Schauder und Ekel, weil die Leute mich anstarren. Wer nicht wenigstens ein Stück Komödiantentum in sich hat, sollte überhaupt nicht in der Öffentlichkeit auftreten. Aber das ist ein anderes Kapitel.

Am nächsten Morgen bekomme ich jene Zeitung. Fette Überschrift: „Gespräch mit Maestro Pilatus". Na schön. „Maestro Pilatus empfing unseren Reporter im Luxusappartement des Hotels X." Moment mal, ich habe mit dem Burschen in der Hotelhalle gesprochen! „Um so mehr beeindruckte der Gegensatz zwischen dem anspruchsvollen, geradezu prunkvollen Milieu und der hünenhaften rauhen Gestalt mit der mächtigen Mähne und dieser Unbändigkeit in der ganzen Erscheinung." Ich bin kaum einen Meter siebzig groß, und was die Mähne betrifft – na, lassen wir das. „Er empfing uns mit ungewöhnlicher, geradezu überschäumender Herzlichkeit ..." Oje, oje, denke ich.

„Er fuhr sich mit den Fingern durch die graumelierte Mähne, und sein brünettes Gesicht verdüsterte sich. Über meiner Herkunft, sagte er, liegt ein Geheimnis; ich kann nicht viel von mir sagen. Ich weiß nur, daß ich in Ungarn geboren bin, in der Nähe von Warschau, im Schoß wilder, riesiger Berge. Über meinem Geburtsort rauschten Wälder und donnerten Wasserfälle wie die Orgel in einer Kathedrale. Das war der erste musikalische Eindruck in meinem Leben. Ich verrate Ihnen, daß mein Vater ein alter Zigeuner war. Er lebte als Naturmensch wie aber Hunderte unserer Vorfahren. Unsere Familientradition sind Wilddieberei, Freiheit und wildes Geigen- und Cymbalspiel. Bis auf den heutigen Tag tauche ich gern für einige Zeit bei meinen Landsleuten unter und spiele am Lagerfeuer auf der Geige die Lieder meiner Kindheit ..."

Ich kann Ihnen sagen: Ich rannte in die Zeitungsredaktion und suchte den Chef. Ich glaube, ich haute mit der Faust auf den Tisch oder dergleichen, der Herr nahm schließlich die Brille ab und sagte verwundert: „Aber mein Herr, wir schreiben doch für die Zeitung! Wir müssen die Fakten interessant darbieten, finden Sie nicht? Ich verstehe nicht, warum Sie sich überhaupt darüber aufregen."

Heute würde ich mich nicht mehr darüber aufregen; man gewöhnt sich daran. Außerdem geht es, glaube ich, nicht anders; du lebst dein Leben, aber das Bild, das andere Menschen von dir haben, ist ganz anders; noch dazu, wenn dein Bild an die Öffentlichkeit gelangt! Ich weiß nicht mehr, ob das Interview in Liverpool oder in Rotterdam oder sonstwo gemacht wurde; aber ich bin überzeugt, als ich dort im Konzertsaal am Dirigentenpult erschien, sah das ganze Publikum in mir wirklich einen hünenhaften, unbändigen Wilden mit wehender Mähne, der bei den Zigeunern mit einer Geige im Arm ums Lagerfeuer tanzt. – Ich hatte dort nämlich damals einen gewaltigen, phantastischen Erfolg, Menschenskind. Darum weiß ich gar nicht, ob der Bursche von der Zeitung nicht im Grunde irgendwie recht hatte ..., wissen Sie, zumindest war es die Wahrheit fürs Volk und die Öffentlichkeit.

1938

Zehn Centavos

I bewahre, das war nicht bei uns; bei uns schreibt doch keine Zeitung so etwas, und auch die öffentliche Meinung, das Volk, die Straße, oder wie man das nennt, dreht sich bei uns nicht so leicht um hundertachtzig Grad. Das war in Lissabon bei einem der dortigen politischen Umstürze; ein Regime stürzte, und ein anderes ergriff die Macht, wie das schließlich auch in anderen Ländern passiert. Senhor Manoel Varga kümmerte sich nicht weiter darum, denn die Politik war nicht sein Gebiet; er war nur etwas verdrossen und seufzte wegen der Unruhe, die sich wieder der Gedanken der Menschen bemächtigte und sie von den Dingen ablenkte, die nach seiner Meinung nützlicher und edler waren. Don Manoel liebte nämlich die Ruhe und seine Arbeit; er war Vorsitzender des Verbandes für Volksbildung und glaubte felsenfest, die Aufklärung werde dem Volk die Tore zu Wohlstand und Freiheit öffnen, in der Arbeit und im Wissen liege unsere Rettung, und so weiter. An jenem Morgen erledigte er gerade die Korrespondenz wegen eines populären Astronomiekursus in Monsaráz und wegen der Vorträge über Säuglingshygiene in der kleinen Stadt Moura, als seine Haushälterin vom Einkaufen zurückkehrte – die Augen rollend und auffällig errötet.

„Hier haben Sie es, Senhor", verkündete sie und warf eine zerknitterte Abendzeitung auf den Tisch. „Ich gehe weg von Ihnen, Senhor! Ich bin eine anständige Frau und bleibe nicht in so einer Stellung!"

„Was denn, was denn", sagte Herr Varga erstaunt und blickte über den Brillenrand auf die Zeitung. Für einen Augenblick erstarrte er; gleich auf der ersten Seite entdeckte er die fette Schlagzeile: „Hände weg, Senhor Manoel Varga!!!" Senhor Varga traute seinen Augen nicht. „Wo haben Sie das her?" stieß er hervor.

Vom Fleischer habe sie das. Der Fleischer habe es ihr gezeigt, und alle Leute hätten darüber gesprochen. Und alle hätten gesagt, so gehe es nicht weiter, so ein erbärmlicher Verräter und Hund wie Don Varga dürfe nicht in ihrer Straße wohnen bleiben.

„Wer sind ‚alle'?" fragte Herr Varga verständnislos.

Nun alle; die Hausfrauen, die Dienstmädchen, der Fleischer und auch der Bäcker ... „Ich bleibe nicht hier", lamentierte sie zornig. „Die Leute werden herkommen und das Haus in Brand stecken, und sie haben recht! Hier in der Zeitung steht, wer was macht und was dahinter steckt. Das hat man nun davon, daß man jemandem treu gedient hat!"

„Ich bitte Sie, lassen Sie mich jetzt allein", sagte Don Manoel niedergeschlagen. „Und wenn Sie gehen wollen, werde ich Sie nicht zurückhalten."

Jetzt erst konnte er lesen, was in der Zeitung stand. „Hände weg, Senhor Manoel Varga!" Vielleicht ist es ein anderer Varga, dachte er für einen Augenblick erleichtert und las weiter. Nein, es war doch über ihn. „Das Volk wird schon abrechnen mit Ihrer ‚volkserzieherischen' Tätigkeit, Herr Varga, mit der Sie jahrelang die Seele unseres Volkes vergiftet haben! Das Volk legt keinen Wert auf Ihre verfaulte fremdländische Bildung, die in ihm nur moralischen Verderb, Schwäche und innere Zerrüttung sät; und es wird nicht zulassen, daß Sie weiterhin Ihre als nützliche Kenntnisse getarnten subversiven Ansichten unter der Jugend und dem einfachen Volk verbreiten ..."

Herr Manoel Varga ließ die Zeitung sinken und wurde traurig. Er konnte nicht begreifen, was an populärer Astronomie oder an Säuglingshygiene subversiv sein sollte, und er versuchte es auch gar nicht zu begreifen. Er glaubte einfach an die Bildung, und er liebte das Volk; das war alles. So viele Leute sind zu den Vorträgen gekommen, und jetzt schreiben sie hier, das Volk lege keinen Wert darauf und lehne es voller Abscheu ab. Herr Varga schüttelte den Kopf und versuchte weiterzulesen. „Wenn die Behörden nicht gegen Ihr Treiben einschreiten, wird das empörte Volk selber Ordnung schaffen; und dann sehen Sie sich vor, Herr Manoel Varga!"

Senhor Manoel Varga faltete die Zeitung sorgfältig zusammen und glättete sie. Das ist das Ende, sagte er sich. Es wollte ihm zwar nicht in den Kopf, was sich so plötzlich in der Welt und in den Menschen geändert hatte und warum das, was gestern gut war, heute auf einmal schädlich und subversiv sein sollte; aber noch weniger vermochte er zu begreifen, wo mit einmal soviel Haß bei den Leuten herkam. Herrgott im Himmel, soviel Haß! Der alte Don Manoel schüttelte den Kopf und schaute aus dem Fenster auf die Vorstadt Sao Joao. Sie war lieblich und freundlich wie immer; man hörte fröhliches Kindergeschrei und das Gebell eines Hundes. Herr Varga setzte die Brille ab und putzte sie gemächlich. Soviel Haß, Herrgott! Was ist nur mit den

Leuten passiert! Es hat sich wohl über Nacht alles verändert. Auch die Haushälterin; so viele Jahre war sie hier ... Herr Varga dachte wehmütig daran, daß er Witwer war. Wenn seine Frau noch lebte – die hätte sich doch nicht geändert?

Senhor Manoel Varga seufzte und nahm den Telefonhörer ab. Ich rufe meinen alten Freund de Souza an, dachte er; vielleicht kann er mir raten.

„Hallo, hier Varga."

Eine Weile Stille. „Souza. Was wünschen Sie?"

Herr Varga stockte ein wenig. „Nur ... eine Frage. Haben Sie den Artikel gelesen?"

„Ja."

„Ich bitte Sie ..., was soll ich nun machen?"

Kurzes Zögern. „Nichts. Sie müssen sich im klaren sein, daß ... daß sich die Verhältnisse geändert haben, nicht wahr? Na also. Stellen Sie sich darauf ein." Klick. Herr Varga fand gar nicht die Gabel des Telefons. Das also war sein bester Freund. Wie sich alles ändern kann! Stellen Sie sich darauf ein. Aber wie? Wie soll sich ein Mensch darauf einstellen, daß ihn jemand haßt? Soll er vielleicht auch anfangen zu hassen, oder was soll er tun? Und wie soll er sich auf Haß einstellen, wenn er sein Leben lang geliebt hat?

Ja, ich muß mich darauf einstellen – zumindest formal, entschloß sich Don Manoel; und er setzte sich an den Tisch und schrieb gewissenhaft, daß er seine Funktion als Vorsitzender des Verbandes für Volksbildung niederlege. Auf Grund der veränderten Verhältnisse und so weiter. Herr Varga atmete auf und nahm den Hut; er wollte das Schreiben selbst hinbringen, damit das möglichst bald erledigt war.

Er geht durch die Gasse der Vorstadt mit dem Gefühl, daß ihn die Häuser anders anblicken, beinahe feindselig, vielleicht auch auf Grund der veränderten Verhältnisse. Die Nachbarn sagen sich vermutlich, das ist der Varga, der die Seele des Volkes vergiftet. Womöglich kritzelt ihm unterdessen jemand etwas ans Tor – verwunderlich wäre es nicht. Herr Varga geht schneller, auch auf Grund der veränderten Verhältnisse. Vielleicht werde ich woanders hinziehen müssen, denkt er, das Haus verkaufen und ... kurz, mich darauf einstellen, nicht wahr?

Herr Varga steigt in die Straßenbahn und setzt sich in eine Ecke. Zwei, drei Leute lesen gerade jene Zeitung. Hände weg, Senhor Manoel Varga! Wenn sie mich erkennen würden, denkt Don Manoel. Der Mürrische da würde wahrscheinlich auf mich zeigen: Seht ihr ihn? Das ist der Varga, der subversive Ansichten verbreitet hat! Daß er sich nicht schämt, unter die Leute zu gehen! Wahrscheinlich müßte ich aus der Straßenbahn aussteigen, überlegt Herr Varga und fühlt die auf ihn gerichteten feindseligen Augen. Herrgott, wie Menschenaugen hassen können!

„Ihre Fahrkarte, Senhor", sagt der Schaffner zu ihm. Herr Varga erschrickt und holt eine Handvoll Kleingeld aus der Tasche; dabei fällt ihm ein Zehn-Centavos-Stück aus der Hand und rollt unter die Bank.

Der Schaffner schaut sich danach um. „Lassen Sie", sagt Herr Varga rasch und zählt Kleingeld ab; er will keine Aufmerksamkeit erregen.

Der mürrische Mann legt die Zeitung weg und bückt sich, um die Münze unter der Bank zu suchen. „Es lohnt wirklich nicht, Senhor", versichert Don Manoel geradezu nervös.

Der Mann brummt etwas und sucht unter der Bank nach der Münze; die übrigen Fahrgäste gucken ihm interessiert und verständnisvoll zu.

„Ich glaube, sie ist hierher gerollt“, murmelt ein anderer und hockt sich hin, um zu suchen. Herr Varga sitzt wie auf Kohlen. „Danke ... danke“, stammelt er, „aber das ist wirklich nicht nötig ...“

„Hier ist sie“, verkündet der andere Mann, der den Kopf unter der Bank hat, „aber das Luder ist zwischen die Bretter gerutscht. Haben Sie nicht ein Messer?“

„Nein“, entschuldigt sich Don Manoel, „aber ich bitte Sie ... das ist doch nicht der Mühe wert.“

Der dritte Senhor legt die Zeitung weg und langt wortlos in die Tasche; er holt ein Lederfutteral hervor und entnimmt ihm ein kleines silbernes Messer. „Wo denn?“ sagt er zu dem anderen. „Ich kriege sie heraus.“

Die ganze Straßenbahn schaut gespannt und vergnügt zu, wie der dritte Herr mit der Klinge in der Ritze zwischen den Brettern kratzt. „Gleich habe ich sie“, knurrt er zufrieden, und da springt die Münze heraus und rollt weiter. Ein vierter bückt sich und holt sie unter seiner Bank hervor. „Hier ist sie“, verkündet er triumphierend und steht auf, vor Anstrengung errötet. „Hier, mein Herr“, sagt er schnaufend und reicht Herrn Varga die Münze.

„Danke ... Ich danke Ihnen, mein Herr“, stottert Senhor Manoel Varga gerührt. „Das war sehr liebenswürdig von Ihnen allen“, fügt er hinzu und verbeugt sich nach allen Seiten.

„Keine Ursache“, murmelt der dritte Herr. „Gern geschehen“, sagt der zweite. „Hauptsache, sie hat sich wiedergefunden“, setzt der erste hinzu.

Die Leute in der Straßenbahn lächeln und nicken mit dem Kopf. Hauptsache, die Münze hat sich wiedergefunden! Senhor Manoel Varga, den Kopf rot vor Verlegenheit, weil er soviel Aufmerksamkeit erregt hat, sitzt stumm und blicklos da; trotzdem sieht er, wie der dritte Herr, der mit dem Messer, die Zeitung hebt und den Artikel zu lesen beginnt: Hände weg, Senhor Manoel Varga!

Als Herr Varga ausstieg, nickten ihm die Leute in der Straßenbahn freundschaftlich zu; auch die Zeitungsleser hoben die Augen und brummten: „Adios, Senhor!"

1938

Manuskripte aus dem Nachlaß

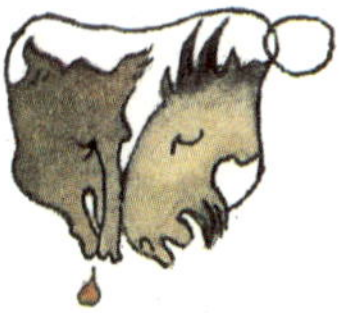

Joseph in Ägypten oder Über die Freudsche Traumdeutung

... da sandte Pharao hin und ließ Joseph rufen; und sie ließen ihn eilend aus dem Gefängnis. Und er ließ sich scheren und zog andere Kleider an und kam hinein zu Pharao.

Da sprach Pharao zu ihm: Mir hat ein Traum geträumet, und ist niemand, der ihn deuten kann; ich habe aber gehöret von dir sagen, wenn du einen Traum hörest, so kannst du ihn deuten.

Joseph antwortete Pharao und sprach: Das stehet bei mir nicht; Gott wird doch Pharao Gutes weissagen.

Pharao sprach zu Joseph: Mir träumete, ich stund am Ufer bei dem Wasser.

Und sah aus dem Wasser steigen sieben schöne, fette Kühe, und sie gingen an der Weide im Grase.

Und nach ihnen sah ich andere sieben dürre, sehr häßliche und magere Kühe heraussteigen.

Ich habe in ganz Ägyptenland nicht so häßliche gesehen.

Und die sieben mageren und häßlichen Kühe fraßen auf die sieben ersten, fetten Kühe.

Und ich sah abermal in meinem Traum sieben Ähren auf einem Halm wachsen, voll und dick.

Darnach gingen auf sieben dürre Ähren, dünn und im Ostwind versenget.

Und die sieben dürren Ähren verschlangen die sieben dicken Ähren. Und ich habe es den Wahrsagern gesagt; aber die können's mir nicht deuten.

Joseph antwortete Pharao: Beide Träume Pharaos sind einerlei. Gott verkündiget Pharao, was er vorhat.

Wisse, die Zahl sieben bedeutet nichts anderes als dein Geschlecht.

Und Pharao sprach: Ich verstehe nicht, was du meinst.

Joseph antwortete: Die Zahl sieben bedeutet im Traum das Geschlecht des Mannes genau wie Rute, Halm, Baum, Schornstein, Berg, Wind, Schwert, Pferd, Blitz, himmlischer Vogel, Heuschrecke, Schlüssel, Löwe, Denkmal, Peitsche, Tisch, Wurzel, Eins, Keule, Mensch, Priester, Hahn, Spritze, Stock, Pflug, Hand, Stein, Kopf, Kleidung, Strick oder Riemen, Bast, Pfeife, Hacke, Hebebock und alle anderen Dinge jeglicher Art,

wohingegen das weibliche Geschlecht im Traume angedeutet wird von Topf, Herd, Fenster, Tür, Altar, Acht, Erde, Wolken, Grab, Buch, Zaun, Blume, Ring, Kette, Pferd, Wagen, Zisterne, Weg, Haus, Flasche, Gras, Fluß, Garten, Kind, Trommel, Obst, Tasche, Ofen, Papyrus, Mond, Wald oder Hain, Handschuh, Reisig und allen anderen Dingen jeglicher Art. So ist das.

Und Pharao sprach: Vor zwei Tagen träumete mir, ein Kind schlüge die Trommel.

Joseph antwortete: Dieser Traum bedeutet, in deiner Seele ist die Angst erwachet, daß du nicht öfter mehr Vater werden kannst.

Und Pharao sprach: Ich habe eine ganze Schar Kinder gezeuget. Warum sollte ich Angst haben?

Joseph antwortete: Siehe, in deiner Seele ist es verborgen vor deinen Augen.

Und da sprach Pharao zu Joseph: Du hast mir aber nicht gesaget, was die sieben Kühe bedeuten.

Und Joseph sprach: Die Zahl sieben bedeutet nichts anderes als deine Begierde; die Kuh aber bedeutet eine Frau, und die ersten sieben Kühe besagen, du liebst eine Frau, dick und schön.

Und Pharao sprach: Gott sei Dank, es ist so, sie ist dick und schön. Warum aber erscheinet sie mir in Gestalt einer Kuh?

Und Joseph sprach zu Pharao: Weil in deiner Seele der Frevel der Sodomiter verborgen ist; wenn du die Frau nimmst, stellst du dir insgeheim vor, sie (sei) eine Kuh.

Und Pharao rief: Ach was, Israeliter; niemals ist mir diese Scheußlichkeit in den Sinn gekommen.

(Und Joseph sprach): Verborgen ist es in deinem Sinn.

Da sprach Pharao zu Joseph: Du hast mir nicht gesaget, was die sieben mageren Kühe bedeuten, welche die sieben fetten Kühe aufgefressen haben.

Da antwortete Joseph und sprach: Die sieben mageren Kühe bedeuten eine neue Begierde, welche die Begierde nach der schönen dicken Frau in dir verschlinget; du wirst diese verstoßen und verlieren, um eine Magere und Unansehnliche zu lieben.

Häßlich ist sie, wie du eine häßlichere nicht gesehen in Ägyptenland; denn deine Seele schaudert vor dem, was du zu tun gedenkst. Denn häßlich ist dein Verlangen,

blutschänderisch und sündig ist dein Verlangen, und es gibt nichts Schlimmeres in Ägyptenland. Siehe, deine minderjährige Schwester oder deine eigene

Tochter oder die Tochter deines Bruders oder deiner Schwester, ein Zicklein vor der Reife, hat die Hitze deiner Begierde entfachet.

Und Pharao sprang auf und rief: Schrecklich sind diese Worte. Niemals ist mir in den Sinn gekommen, was du sagst.

Ich wiegte meine Töchter auf den Armen und beschenkte die Kinder meiner Schwester und Brüder; ich war den Meinen ein Vater und tat niemals einem Kinde unrecht.

Und Joseph antwortete: Auf den Armen wiegtest du sie wegen deiner Begierde, und du beschenktest sie, auf daß sie willig täten, was in deinem Sinne verborgen.

Doch es wird nur geheimgehalten und tritt hervor im Traume; und es erscheinet versteckt in Bildern und Gleichnissen.

Die sieben vollen Ähren auf einem Halm, das ist eine Frau aus deinem Geschlecht, deine Tochter, welche du zu deinem Kebsweib machen willst.

Aber da erhebet sich eine dürre Ähre, dünn und im Ostwind versenget; der Wind, welcher die Ähre schüttelt, ist ein Mann, und Osten bedeutet, es ist der Vater, dem du entsprossen.

Die Ähre, welche im Ostwind versenget, ist deine gebrechliche alte Mutter; und siehe, deine Begierde richtet sich auf sie, und du verlierst deine Tochter und nimmst deine Mutter zum Kebsweib. So ist es geschrieben in deinem Traum und verborgen in der Tiefe deines Sinnes, die wir Israeliter das Unbewußte heißen.

Unbewußt ist, was dir nicht ganz unbekannt und was dir, wie du sagst, nie in den Sinn gekommen. Umgekehrt, was dir nie im Leben in den Sinn gekommen, ist gerade deshalb in deinem Unbewußten; und dort sind also Blutschande, Vatermord, Sodomie, Hams Frevel, Loths Sünde, der Ödipuskomplex und alle anderen Schändlichkeiten der Gomorrher, Babylonier, Chaldäer und Ägypter, welche dir nie in den Sinn gekommen.

Der Traum aber ist nichts anderes als das Überfließen deiner Begierden, welche du unterdrücket und ins Unbewußte verdränget hast.

Und ich sage dir: Träumet dir, du pflücktest Obst, so heißt es, du treibst Unzucht. Träumet dir, du schnittest Obst mit dem Messer, so mordest du. Träumet dir nichts von Obst, träumet dir aber von Pferden oder von fließendem Wasser, so ist es kein geringerer Frevel. Desgleichen, so du träumst, du wandeltest im Garten oder zögest einen Mantel an. O diese Todsünden!

Und Pharao sprach: Was soll ich tun, um sie nicht zu begehen? Denn nun fürchte ich einzuschlafen und solches zu träumen.

Da sprach Joseph zu ihm: Siehe, du kannst gar nichts tun; das Unbewußte befiehlt dir, was aber könntest du ihm befehlen? In ihm ist all das Schlechte, welches du noch nicht begangen. In ihm ist all das, was wider die Natur und Gottes Gesetze ist. Denkst du wachend an anständige und ordentliche Dinge, so tust du es nur, um nicht an unreine Dinge zu denken. So aber ist es.

Dein Leben, von welchem du weißt und deine Nächsten wissen, verhüllet nur die Nacktheit und Schande dessen, was in dir verborgen. In den Träumen aber wird (das alles) offenbar.

Darum ist weise, wer von Gottes Gnaden Träume zu deuten weiß.

Und Pharao sprach zu ihm: Bitte lehr es mich. Ich schwöre, daß ich meine Frau den Hunden zum Fraß vorwerfe, so ihr von Löwen träumet oder gar von einem Schlüsselbund;

und daß ich meine Töchter bestrafe, so ihnen von etwas träumet, was einem Stocke, einem Bastzeuge, einem Menschen oder der Zahl sieben gleicht,

und daß ich meine Söhne verstoße, so sie zu träumen wagen, daß sie zur Tür hereintreten ins Vaterhaus.

Denn es sind schreckliche und gefährliche Träume.

Weil dir Gott solches alles hat kundgetan, ist keiner so verständig und weise als du.

Über die Phantasie

Als der Schuster eines Tages nach Hause kam, sah er an einem Neubau Kinder auf einem Sandhaufen spielen; und er setzte sich auf einen Haufen Balken, wärmte sich in der Sonne und schaute zu.

Da war ein Schloß, von einem Wall umgeben und einem Wassergraben, für den ein Knirps Wasser heranschleppte; so entstand ein militärisches Bauwerk, ein Mittelding zwischen Cäsars Lager und einer mittelalterlichen Burg. Später erwies es sich als notwendig, einen Tunnel durch den Wall zu bohren, für die Eisenbahn; schnaufend und pfeifend fuhr ein Stück Holz mitten in die Befestigung hinein, wo sich der Bahnhof befand; die Passagiere, die ausstiegen, trampelten achtlos über Cäsars Festungswälle. Nun waren sie in einer unbekannten und unbewohnten Gegend, und aus dem warmen Sand mußten runde Negerhütten gebaut werden; das macht man so: Man legt die Faust auf die Erde, schüttet Sand darauf und zieht die Faust heraus, fertig ist ein Zelt, und wehe dem, der es beschädigt. Dente et unquibus wirst du dein Haus verteidigen.

Ein Fräulein, das einen dieser kleinen Jungen begleitete, setzte sich neben den Schuster und sagte: „Gestern haben sie aus dem Sand Buchteln gebacken, und ein andermal haben sie ihn als Mehl und Zucker abgewogen und verkauft."

„Ich denke darüber nach", sagte der Schuster, „was eigentlich Phantasie ist."

Das Fräulein blickte angestrengt auf ihre Stickerei. „Phantasie", sagte sie dann, „das heißt Dinge und Menschen anders sehen, als sie wirklich sind."

„Aber, aber", sagte der Schuster tadelnd, „das sagen Sie, weil Sie von jemandem enttäuscht sind. So etwas kommt vor. Schauen Sie, weil es in der Nacht geregnet hat, kann man heute Tunnel und Burgen aus dem Sand bauen. Morgen ist der Sand trocken, und es wird sich nichts daraus bauen lassen. Was meinen Sie – werden die Kinder sagen, der Sand habe sie enttäuscht und tauge zu nichts? Oder werden sie entdecken, daß er dazu taugt, als Mehl und Zucker abgewogen und verkauft zu werden? Enttäuschung ist ein Mangel an Phantasie. Phantasie weiß sich zu helfen.

Warten Sie mal, wie soll ich Ihnen das erklären? Phantasie heißt nicht, sich vorstellen, wie die Dinge sind, sondern wie sie sein *könnten*. Oder was man aus ihnen machen könnte. Schauen Sie, so ein Knirps hat die Idee, daß man mit Sand bauen kann. Ich Dummkopf aber gehe um den Sandhaufen herum und komme nicht darauf. Wir beide, Fräulein, treten nur auf den Sand. Wenn sich ein Mensch aber verliebt, entdeckt er womöglich, daß man Buchstaben in den Sand schreiben kann. So ist das."

Das Mädchen ließ die Hände in den Schoß sinken, denn ihr fiel etwas ein.

„So ein kleiner Junge", fuhr der Schuster fort, „vermag sich vorzustellen, daß er Lokomotivführer, Krieger, Forschungsreisender oder sonstwas sein *könnte*.

Und er hat recht, Fräulein. Seine ganze Phantasie beruht darauf, daß er alle diese Möglichkeiten in sich noch nicht unterdrückt hat. Auch Sie, Fräulein, stellen sich manchmal vor, was Sie sein könnten; aber weil Sie erwachsen und deshalb egoistisch sind, denken Sie nur noch daran, was Sie sein möchten. Nichts setzt der Phantasie so viel Grenzen wie Egoismus."

Das Fräulein war ein wenig beleidigt. „Sie meinen, ich wäre egoistisch?"

„Na klar. Und unglücklich. Sie sagen sich, Sie könnten reich sein, dann brauchten Sie nicht bei groben und unfreundlichen Leuten in Stellung zu sein. Dann wären Sie eine stolze und schöne Frau, die niemand zu erniedrigen wagte. Und wissen Sie, Fräulein, daß Sie das wirklich sein könnten? Sie könnten es. Und Sie könnten Mutter von sieben Kindern sein. Oder Zeitungsfrau. Oder Hure. Aber das stellen Sie sich lieber nicht vor, denn das gefällt Ihnen nicht, nicht wahr? Schauen Sie nur um sich, was Sie alles sein könnten. Das Weib, das Kalk mischt. Das kleine Mädchen dort. Oder dort das böse, schmutzige, sorgenvolle Weibsbild. Schließlich ist es nur ein Zufall, daß Sie ein Kinderfräulein sind; aus !hnen hätten so viele andere Menschen werden können. Und ich denke darüber nach, warum die Menschen so hoffnungslos in dem dummen und kleinen Zufall ihres Lebenslaufes eingeschlossen sind. Von alledem, was sie sein *könnten*, erleben sie nur ein kleines bißchen, nur das, was sie zufällig sind, und außerdem das, was sie sein *möchten*. Finden Sie das nicht schrecklich?"

Das Fräulein zuckte die Achseln. „Ich weiß nicht", sagte sie. „Wir können doch nichts anderes erleben als unser eigenes Leben."

„Ich weiß", versetzte der Schuster. „Aber nehmen

wir an, sie, die anderen, lebten ihr Leben *für uns*, wissen Sie? Was ich sein könnte, das ist ein anderer. Man kann alle Menschen als die anderen Möglichkeiten seiner selbst betrachten. Versuchen Sie das, Fräulein; Sie werden sich wundern, wie interessant die Menschen für Sie sein werden."

„Wennschon", wandte das Mädchen ein. „Niemand wird satt von einem Kuchen, den ein anderer für ihn ißt."

„Das nicht", sagte der Schuster. „Aber wenn die Menschen mehr Phantasie hätten, könnten sie die Kuchen besser aufteilen. Man muß ein Kind sein, will man Kinder verstehen; man muß selbst bettelarm sein, um die Bettelarmen zu verstehen. Schauen Sie, Fräulein, so ein kleiner Junge ist eigentlich eine Schar von Männern; in ihm steckt ein Maschinist, ein Soldat, ein Baumeister, ich weiß nicht, was alles. Und wenn er erwachsen wird, bleibt von der Schar nur ein kleiner Mensch übrig. Mein Gott, wo sind die anderen geblieben? Wo sollen sie sein, sie sind verschüttet; aber geben Sie acht, manchmal sind sie noch nicht tot.

Kleider machen Leute

Am Zaun vor des Schusters Garten blieb ein Mann stehen, der ein kleines Mädchen an der Hand führte, und sagte: „Sieh mal, Manja, die Blumen." Dann setzte er hinzu: „Guten Tag, mein Herr. Das ist ja ein schönes Wetter."

Der dicke Mann, der Pfefferminze pflückte, hob nicht mal den Kopf und brummte: „Guten Tag."

„Ich sehe", sagte der Mann hinterm Zaun gesprächig, „wie schön es bei Ihnen wächst."

Der Gärtner richtete sich auf. „Ja, es gedeiht", sagte er. „Mir scheint, ich kenne Sie. Aber nein, ich verwechsele Sie mit jemandem."

Der Mann hinterm Zaun bleckte die Zähne. „Ich bin doch der Polizist, der täglich hier bei Ihnen vorüberkommt. Heute habe ich frei."

„Na so was", staunte der Gärtner. „Sieh einer an, in Zivil hätte ich Sie gar nicht erkannt. Jetzt sind Sie ein ganz anderer Mensch. In Uniform sind Sie so ein schwerer und großer Kerl."

„Das machen die Kleider", meinte der Polizist.

Der Gärtner schüttelte den Kopf. „Und Sie haben eine ganz andere Stimme. Sonst ist es, als schrien Sie die Leute nur an. Maul halten, was ist das hier für eine Ordnung und so. Sie wirken immer wie eine Säule. Ich habe Sie mir genau angesehen, Herr Polizist."

„Das sagt meine Frau auch", meinte der Polizist. „Sie sagt, wenn ich in Zivil bin, schnauze ich sie nicht so an, und so weiter. Wissen Sie, man hat ein ganz anderes Gefühl, wenn man nicht Säbel und Uniform trägt."

„Man fühlt sich leichter", meinte der dicke Mann.

„Leichter ... und so merkwürdig. Wie ausgewechselt."

„Hören Sie", sagte der Gärtner, „Ihr Sprößling könnte sich doch hier im Garten Erdbeeren pflücken, nicht wahr?"

„Schönen Dank", sagte der Polizist. „Das ist was für Manja."

Und als sich die beiden Männer auf die Bank setzten, sagte der Polizist: „Wir haben einen Polizeirat, das ist ein ganz verfluchter Hund. Aber wenn ich ihn in der Badeanstalt in Badehosen treffe, ist er ein völlig anderer Mensch. Tja, in Badehosen kann man nicht den Herrn spielen. Da kommt es mehr darauf an, wer die besseren Muskeln hat, nicht wahr?"

Der dicke Mann nickte nachdenklich. „Sehen Sie, Herr Polizist, darum trugen die Potentaten Heiligenschein und Krone."

„Um Eindruck auf die anderen zu machen."

„Und Eindruck auf sich selber. Sie zum Beispiel müssen eine Uniform anhaben, um die Leute anschnauzen zu können. Und ein König braucht eine Krone – nicht nur für die Leute, sondern auch für sich selbst. Würden Sie ihm eine Schürze umbinden, mein Lieber, fiele ihm das Königsein schwer."

„Man sagt", versetzte der Polizist, „Kleider machen Leute."

„So ist es“, sagte der dicke Mann. „Zum Beispiel läßt sich ein gesetzter, konservativer Mensch immer die gleichen Kleider und Schuhe anfertigen. Warum? Weil ein Wechsel der Kleidung wie ein Wechsel des Charakters oder der Ansichten wäre, fast so wie – ein anderer Mensch zu werden. Darum legen die Sünder Mönchshabit an, um einen neuen Menschen aus sich zu machen. Ich habe mal gehört, ein Schauspieler könne einen Bettler oder einen Ritter nur dann wirklich spielen, wenn er die Lumpen eines Bettlers oder den Panzer eines Ritters trägt; wenn er nicht die richtigen Kleider hat, ist es nicht das rechte.“

„Ich kannte mal einen Bettler“, sagte der Polizist, „der war krumm wie eine Weide. Und eines Abends sah ich ihn ins Kino rennen wie ein richtiger Geck. Ich nahm ihn mit aufs Kommissariat und sagte, Menschenskind, nun zeigen Sie mal, wie Sie das anstellen, daß Sie wie ein Bettler aussehen. Darauf er: Das kann ich nicht, Herr, ich kann es bei Gott nicht, dazu brauchte ich die Lumpen.“

„Da sehen Sie es. Der Bettler lebte im Grunde in zwei Personen und wechselte sie. Genauso Sie, Herr Polizist. Einmal sind Sie so ein Protz in Uniform, und ein andermal sind Sie ein ganz netter Zivilist. Jedesmal haben Sie eine andere Stimme, einen anderen Gang und eine andere Seele. Gemeinsam haben Sie nur das Ich, nur den Körper; aber ansonsten sind es zwei Menschen. Ich zum Beispiel bin Schuster gewesen, und jetzt bin ich Gärtner. Sie können sich denken, uns Schuster haben die Maschinen ruiniert, darum habe ich mich auf die Gärtnerei verlegt und baue Heilkräuter an. Sie können sich gar nicht vorstellen, welch ein Unterschied zwischen einem Schuster und einem Gärtner besteht. Oder dies – ich war verheiratet, und meine

Frau ist gestorben. Ich sage Ihnen, Herr Polizist: ein Verheirateter und ein Witwer, das sind zwei ganz verschiedene Menschen. Als ob ich jetzt ein anderer wäre und mein Ich als Andenken behalten hätte. Wissen Sie, als wenn man in eine andere Stadt zieht und irgendwelchen alten Kram mitnimmt: eine Uhr oder eine Lampe. Der Mensch zieht mit seinem Ich um und denkt, er sei immerzu der gleiche. Ich war Kind, Lehrling, Schuster und Kräutermann, ich war Anarchist, ich war beim Militär, ich hatte eine Frau und habe sie verloren – Menschenskind, das war mehr als genug; und bei alledem immerzu das eine Ich; ich habe mich so oft geändert, aber das Ich hat sich nicht geändert."

Wenn man Zahnschmerzen hat

„Hören Sie", sagte der Doktor, „am meisten wird sich der Mensch seines Ichs bewußt, wenn ihm etwas weh tut. In solch einem Augenblick ist Ihnen alles egal und Sie sind nur Sie, nur Sie mit Ihrem Schmerz ..."

„Das stimmt", brummte der Schuster. „Neulich hatte ich eine Kieferhautentzündung. Drei Tage habe ich mich mit dem verdammten Zahn geplagt."

„Ich weiß", sagte der Doktor anerkennend. „So ein Zahn, der *kann* weh tun, oje."

„Oje", pflichtete der Schuster bei. „Man hat das Gefühl, es gebe nur den Schmerz; und alles andere ist mit einmal fern und fremd. Entsetzlich fremd. Auch das eigene Leben ist einem fremd. Schmerz ist egoistisch. Für einen Menschen, der leidet, gibt es nur den Schmerz und nichts anderes; seiner selbst wird er sich nur durch den Schmerz bewußt; das, was mich nicht schmerzt, bin ich nicht.

Ich habe gut aufgepaßt, Doktor: Wenn ein Mensch Zahnschmerzen hat, dann ist sein Ich dieser Zahn und was mit ihm zusammenhängt; sein ganzes Ich ist in dem Zahn. Es ist so ein winziges, stumpfes und ungeheuer konzentriertes Ich, das nichts sieht und hört,

nichts denkt, nichts will und nur den Schmerz fühlt. Wie ein Tier. Und dieses Ich wird besucht von allerlei Gedanken. Der eine sagt: Das geht vorüber, das geht vorüber, das geht vorüber. Der andere wieder überlegt und rät: Versuch es, und mach dir Umschläge oder spüle mit Kamille. Und der dritte predigt: Keine Fisimatenten, geh zum Zahnarzt und – raus mit dem Zahn. Und die Gedanken reden und streiten sich, sie kommen und gehen wie fremde Menschen; indessen sitzt das wahre Ich zusammengekauert wie ein Tier, windet sich und versteht nichts als seinen Schmerz. Und dann ist da noch jemand, der das alles schweigend betrachtet; aber das bin nicht ich, das ist ein anderer. Ich bin nur dieser Ärmste, der Schmerzen und Angst hat.

Und dann sagt der eine Gedanke, dieser energische: So ein Dummkopf, wer soll sich denn diese Qual mit ansehen? Und er schnappt den Ärmsten am Kragen und schubst ihn zum Zahnarzt, und dann steht er noch dabei und paßt auf, daß er nicht wegläuft. Hier bleibst du sitzen, und basta. Und dann sagt der Gedanke laut – nicht ich, verstehen Sie, sondern *er* sagte das, ich hörte es, und mir rutschte das Herz in die Hose –, er sagt: Wenn Sie meinen, Herr Doktor, dann ziehen Sie mir den Zahn. Und jetzt haben Sie zwei in sich: den einen, der sich fürchtet und die Augen schließt; und den anderen, der den Zahnarzt, die Zange und das entsetzte kleine Tier anschaut, aber dieser andere bin nicht ich. Und ritsch! plötzlich ist es, als wäre in Ihrem Bewußtsein etwas geplatzt. Der Zahn ist raus."

„Das ist ein Schock", sagte der Doktor. „Eine natürliche Sache."

„Eine natürliche Sache", der Schuster nickte, „aber auch eine höchst eigentümliche Sache, Doktor. Ich weiß nicht, ob Sie es mal bemerkt haben. In dieser Sekunde ist es, als würde Sie etwas überschwemmen. Als würde sich dieses armselige, in Schmerz und Angst eingeschlossene Ich auf einen Schlag befreien und sich wie ein Fluß in Sie ergießen. Mit einmal haben Sie Ihr normales, breites Ich, das guckt, denkt, redet und sich für die ganze Welt interessiert. Ach, fragen Sie nicht, was ich bei dem Zahnarzt alles zusammengeschwatzt habe."

Das kleine Licht

Ein Betrunkener kam aus einer Schenke am Stadtrand und sah ein kleines Licht tanzen über dem Feldweg, dem Weg zwischen Zäunen und Einfriedungen, dem Weg, der nirgendwohin führte oder in Gegenden, in denen es nichts Nennenswertes gibt. Ich werde verrückt, was ist das für ein Licht? Es tanzt und läuft, aber kommt nicht vom Fleck; jetzt steht es still, wie angewurzelt, und nun gaukelt es wieder, als wolle es einen Kreis beschreiben. Bei Gott, das werden wir uns ansehen. Warte, du Irrlicht, das muß erforscht werden; nicht daß ich an Irrlichter glaube, aber die Courage treibt mich vorwärts. Ein anderer würde sich fürchten, aber ich sehe mir das an, und wenn es ein Irrlicht oder ein Glühwürmchen ist, fange ich es mit dem Hut wie einen Schmetterling.

Wer hätte das gedacht, ach du liebe Zeit: Ein dicker Mann ist es, und er leuchtet mit einer Taschenlampe den Boden vor seinen Füßen ab, ohne weiterzugehen. Er bückt sich, um Glasscherben und Schlackestückchen bei Licht zu betrachten, dann richtet er sich wieder auf und läßt den Lichtkreis unter sich. Sieh einer den Alten an! Er hat einen hinter die Binde gegossen, meine Herren, er ist voll wie ein Sack und findet jetzt nicht nach Hause. Hier bist du nicht zu Hause, mein Lieber; das hier ist zwar ein scheußliches Loch, aber es gibt keinen Schlüssel, der paßt und das Tor zur Hölle öffnet.

„Aha", meinte der Betrunkene, „Sie haben etwas verloren, nicht wahr, Sie haben etwas verloren und suchen es jetzt."

„Ich habe nichts verloren", antwortete der Dicke. „Nicht mal den Verstand habe ich verloren, mein Bester."

„Aha", sagte der Betrunkene. „Jetzt weiß ich's. Sie sind Angler und suchen Würmer. Nur merkwürdig, daß Sie auf dem Weg Regenwürmer suchen und nicht im Park unter den Büschen. Außerdem haben Sie keine Blechbüchse für die Würmer mit. Mir können Sie nicht erzählen, daß Sie Angler sind."

„Ich bin kein Angler, ich bin Schuster", erklärte der Dicke. „Und das hier ist ein Versuch oder ein Gleichnis."

„Dann ist es etwas anderes", versetzte der Betrunkene zufrieden. „Ein Schuster und ein Gleichnis, das hat irgendwie einen Sinn. Leuchten Sie mal, Meister; die ganze Stadt schüttet hier Glasscherben und Unrat her; hier findet man die Vergänglichkeit aller Dinge in reinster Form."

„Was die Vergänglichkeit betrifft", meinte der Schuster, „da brauchte ich gar nicht weit zu gehen, um sie zu suchen; aber man muß ein Stück Wegs gehen, um so eine Dunkelheit zu finden."

„An diesem Ort", sagte der Betrunkene, „ist die wahre und wesentliche Dunkelheit; wer hier geht, weiß nicht, in was er hineintritt und wohin er überhaupt gelangt. Der Weg führt nirgendwohin; darum ist hier so eine große, natürliche und verdammte Dunkelheit ohne Ende."

„Richtig", pflichtete der Schuster bei, „denn das hier ist Dunkelheit und Chaos zugleich, der rechte Ort, um eine Lampe auszuprobieren."

„Schuster", wandte der Betrunkene ein, „falls Sie irgendwo einzubrechen gedenken, damit will ich nichts zu tun haben. Nennt man so etwas nicht eine Diebeskerze?"

„Dies ist eine andere Sorte", sagte der Schuster, „sie stammt aus einem anderen Laden; es ist eine gewöhnliche Lampe oder Zauberlampe."

„Da hat man Sie übers Ohr gehauen, Meister", versetzte der Betrunkene. „Zauberlampen gibt es nicht. Keine Lampe leuchtet bis in die Tiefe eines Abgrunds, und keine beleuchtet das Wesen der Dinge. Sie meinen etwas zu beleuchten, und dabei werfen Sie nur ihren Schatten in die Dunkelheit."

„Auch das ist wahr", gab der Schuster zu. „Wie man sieht, ist das Licht ein Gleichnis. Bedenken Sie, mein Lieber, was Licht des Verstandes bedeutet und daß wir von klarem Bewußtsein sprechen; von Lux aeterna ganz zu schweigen. Erscheint Ihnen ein bewußter Geist denn nicht wie eine Leuchte in der Dunkelheit?"

„Ich bin ein Irrlicht", erklärte der Betrunkene. „Vorsicht, Vorsicht, hier sinken Sie ein und kehren nie mehr zurück."

Der Schuster hockte sich hin und leuchtete den Erdboden ab.

„Nun sag mir, du Irrlicht, schau gut her und sag, was du siehst."

„Ich sehe", sagte der Betrunkene, „daß Ihre Hand nicht zittert. Entschuldigen Sie, Bürger, Sie sind nicht betrunken."

„Es existiert nur das, was du siehst. Mich siehst du nicht, ich existiere nicht. Sag, was da ist."

„Nur ein Stück Erde. Ein Stück getrockneter Schlamm."

„Und weiter?"

„Nichts weiter. Weiter ist Dunkelheit oder nichts."

„Siehst du, da hast du den bewußten Geist." Der Schuster erhob sich. „Sag nur weiter, was du siehst."

„Jetzt ist da der Lichtkreis. Der Weg, Spuren von Menschen und am Rand ein Grasbüschel."

„Und weiter?"

„Weiter nichts. Nur das."

„Siehst du, da hast du das menschliche Bewußtsein. Und jetzt?"

„Ein Stück vom Straßengraben, Glasscherben und Unkraut an den Grenzen der Dunkelheit."

„Und es ist immerzu dieselbe Lampe, mein Lieber. Man dreht sie ein bißchen, und alles ist anders. Was siehst du jetzt?"

„Jetzt ist da ein Baum; und jetzt – he, Meister, Sie haben die Dunkelheit aufgerissen; jetzt läuft Ihr Lichtschein wie ein Hund auf der Erde, ein Wunder, daß er nicht bellt. Genug, genug, das Unendliche zu betreten ist nicht erlaubt. Fast hätten Sie zu lange Schatten geworfen."

Der Schuster schaltete seine Lampe aus. „Und es ist immerzu dasselbe Licht", brummte er. „Es kommt nur darauf an, worauf es sich richtet. Ich sage Ihnen, ich kenne Leute, die beleuchten immerzu nur ein Stück getrockneten Schlamm: ein enger Kreis und weiter nichts – weiter existiert nichts. Stellen Sie sich mal vor, was für ein kleiner Kreis das menschliche Bewußtsein sein kann. Ich bin nur das, was ich von mir selbst weiß. Ich bin nichts als der kleine, vom Bewußtsein beleuchtete Abschnitt. Wenn ich erlösche, dann gute Nacht, ihr könnt mich alle gern haben, ich existiere nicht, das Ich existiert nicht; nur ein vermodernder Traum phosphoresziert in der Dunkelheit, in der die Lampe erloschen ist." Der Schuster rieb sich das Kinn, so daß der Stoppelbart knisterte. „In uns muß es einen Kontakt oder dergleichen geben; wird er geschlossen, werfen wir Lichtgarben unseres Bewußtseins in die Dunkelheit – wie eine Diebeskerze oder ein Glühwürmchen."

„Ein verdammtes Schicksal", sagte der Betrunkene. „Wissen Sie nicht, Meister, wie man ein Irrlicht löscht."

„Warte, warte, du unruhige Flamme; ich leuchte anderswohin. Wo kein Licht ist, ist auch keine Dunkelheit. Für einen Blinden gibt es keine Nacht, für einen Stein nichts Unbekanntes; erst an den Grenzen des Lichts entsteht Dunkelheit. Ach, Mensch, wir mußten die Welt bei Licht besehen, um etwas zu wissen und das übrige nicht zu wissen. ‚Und Gott sprach: Es werde Licht! Und es ward Licht. Und Gott sah, daß das Licht gut war. Da schied Gott das Licht von der Finsternis!' Sehen Sie, das war das erste Diebeslicht. Auch wir, du Irrlicht, unterscheiden das Licht von der Dunkelheit; meine Leuchte hat dieses bißchen getrockneten Schlamm, dieses Stück eines Weges, der nirgendwohin führt, diesen Haufen Glasscherben und Unrat vom Universum unterschieden. Habe ich Ihnen nicht gesagt, daß es eine Zauberlampe ist? Denn sie hat die Macht, Dinge zu unterscheiden."

„Es hängt von dir ab, was für ein Stück oder was für einen Umkreis du unterscheidest. Was du beleuchtest, das ist dein Licht; es gäbe kein Licht, wenn es keine beleuchteten Dinge gäbe. Du bist das, was du gerade beleuchtest; du bist eng oder breit, bist wenig oder viel, je nachdem, worauf du triffst. Du bist ein Stückchen

Schlamm, bist ein Weg oder ein Stück Welt – es kommt darauf an, worauf du die Lampe deines Ichs richtest. Mein Lieber, im Schein meiner Lampe sah ich Katzenaugen aufleuchten, Holunder blühen und Verliebte sich aneinander schmiegen; aber wenn Sie wollen, beleuchte ich nur den engen Streifen des Weges zwischen den Straßengräben, und es wird nichts anderes da sein. Es gibt Menschen, die das Licht niemals zu etwas anderem benutzt haben als dazu, sich den Weg zu beleuchten."

„Sie sind gut ans Ziel gekommen", murmelte der Betrunkene. „Was mich betrifft, ich tanze und zittere über dem Sumpf."

„Im Dunkeln", sagte der Schuster, „im Dunkeln ahnt der Mensch die unerhörte Ausdehnung und Breite, in die er eingefügt ist. Im Dunkeln fühlt der Mensch, daß da viel mehr ist als der Weg zwischen den Straßengräben; aber wenn er sein Licht anknipst, will er nur einen gangbaren und bekannten Abschnitt herausschneiden – ein Stück des Weges oder so etwas. He, Mensch, weißt du denn nicht, daß dein Ich nur ein beleuchtetes Stück des dir Unbekannten ist, nur ein kleiner heller Kreis, der aus deinem ganzen Leben herausgeschnitten ist? Dumm bist du, dumm; das, wovon du nicht weißt, gehört immer noch zu dir. Ich weiß, du kannst nicht haltmachen, um zu leuchten – abseits vom Weg willst du nicht haltmachen, weil du denkst, du müßtest unentwegt marschieren und deinen Weg beleuchten. Du sagst dir: Je weiter ich auf diesem Weg komme, desto mehr werde ich gesehen haben, desto gründlicher werde ich das Leben genutzt haben."

„Damit kein Irrtum entsteht", sagte der Betrunkene, „dieser gräßliche Weg, Schuster, führt nirgendwohin, er endet. Wer ihn beschritten hat, kehrt nicht zurück."

„Ja", sagte der Schuster, „aber wo, Saufsack, enden die Dunkelheiten? Ich sage dir, hinter dem Sternbild des Stiers und hinter dem Weg, der Via lactea heißt."

„Sagen Sie das nicht", wehrte der Betrunkene ab. „Mich schaudert. Was sollte das Irrlicht im Universum anfangen? Zum Teufel, ich habe vergebens getrunken; ich bin gleich wieder nüchtern, wenn Sie mir mit den Sternen kommen."

Der Schuster schwieg. „Du Irrlicht, das vor sich hin leuchtet", sagte er schließlich, „was siehst du jetzt?"

„Zum Henker", brummte der Betrunkene, „ich sehe Sterne."

Inhalt

Fabeln

Kleingeschichten

Manuskripte aus dem Nachlaß

1. Auflage 1986

Einbandgestaltung Günther Lück/Johanna Mönch
Typographie Johanna Mönch
Lichtsatz Karl-Marx-Werk Pößneck V 15/30
Druck und Binden Grafischer Großbetrieb Sachsendruck Plauen
Printed in the German Democratic Republic
Lizenznummer 301.120/168/86
Bestellnummer 613 218 0
01570